JN418354

흔적

흔적

김해정 산문집

신아출판사

머리글

흔적을 남기며

되돌아보면 살아온 길이 아득하다. 젊은 시절에는 바른 삶의 길을 찾으며 어려움과 기쁨을 함께 겪었고, 내 길에 들어섰을 적에는 지칠 줄 모르고 뚜벅뚜벅 걸었다. 당시에는 희망이요 보람이던 내 걸음이 이제 돌아보니 허망하기 그지없다. 그래서 걸어온 길에 남긴 흔적들을 모아 작은 책으로 엮으려 한다.

1부에는 생활 속에서 얻은 것들을 담았고, 2부는 내 삶의 길에 적잖은 영향을 주었던 ROTC 병영훈련 일기로 꾸몄다. 3부에는 내 평생의 업이었던 교육에 관한 글을 실었고 4부에는 심혈을 기울였던 서지(書誌)에서 얻은 간략한 이야기 몇을 배열하였다.

이 작은 책이 세상에 나가 어떤 특별한 역할을 해주기를 바라진 않는다. 세속의 유혹에 휘둘리지 않고 뚜벅뚜벅 걸어온 내 삶의 족적이 사람들의 마음에 가느다란 울림이라도 줄 수 있다면 더 바랄 것이 없겠다.

서기 2014년 8월 20일

김 해 정 씀

차례

머리글

1부 고통에서 영광으로

수염 10
잊을 수 없는 은사님 15
사진 한 장의 이야기 22
장씨(張氏)네 효자 소나무 30
다리 밑 풍경 34
운동경기 규칙 개정안 36
고통에서 영광으로 40
기도문 45
쥐를 쫓다 48
결혼을 축하합니다 54

2부 수양록(修養錄)

수양록(修養錄) · I 60
수양록(修養錄) · II 76

3부 교육(教育)에 대한 단견(短見)

교육(教育)에 대한 단견(短見) 100
하얀 캔버스의 설계 109
어디에 던지고 어떻게 쳐야 할 것인가 113
대학생활과 서클활동 · 1 118
대학생활과 서클활동 · 2 122
방언조사(方言調査) 일화(逸話) 125
역사와 함께 걸어온 자생의 언어 132
운장학원(雲藏學院) 진통기(陣痛記) 139
새돌회를 보는 사회의 눈 154

4부 완판본(完板本) 이야기

서천교 창건비(西川橋 創建碑) 160
가람의 등사본 훈몽자회(訓蒙字會) 163
유충열전(劉忠烈傳) 167
열녀춘향수절가(烈女春香守節歌) 170
언문소학(諺文小學) 173
세재정유 풍패신간(歲在丁卯 豊沛新刊)
맹자집주대전(孟子集註大全) 176
계몽편언해(啓蒙編諺解) 179
언해도상동몽초학(諺解圖像童蒙初學) 182
행곡본(杏谷本) 천자문(千字文) 186
언삼국지(諺三國志) 190

1부

고통에서 영광으로

수염

‘여자는 백 살을 먹어도 아이다.’고 하던 어른들의 말을 이상히 여기던 것을 기억한다. 왜 그럴까? 할머니도 어머니도 전부 어른들인데……하고 이상히 여겼다. 지금 와서 생각하니 재미있는 말이다.

수염이 어려서부터 난 내가 우스운 이야기들을 해볼까 한다.

이걸 아주 오랜 뒤에 생각한다면 끔찍스러이 사랑스럽고 다행한 일이었다고 생각할지도 모를 일들이다. 하지만 국민학교(초등학교) 4학년 때 6학년생 하나가 수염이 시커먼 걸 보고서 친구들이 막 놀려댐을 보고 내 턱에도 약간의 수염이 난 것을 생각했다. 그래서 그 뒤로 줄곧 면도질을 했다. 그런데 별스런 것은 면도를 할수록 수염은 더 굵어져만 갔다. 1년 이상 면도질을 해놓았으니 이젠 그냥 둘 수도 없는 노릇이었다.

내가 6학년쯤 되어선 전에 놀림을 받던 6학년생 이상으로 수염이 검실검실했다. 걱정이 되고 부끄러움은 금할 수 없었다. 그리고 여러 국부에서도 발모하기 시작해서 저수지에서 친구들이 수영을 해도 피해다녀 지금에 이르도록 수영을 못할 지경에까지 이른 것이다.

처음 발모할 때, 특히 조숙해서 어려서 발모하게 되는 경우 누구나 누가 볼까 두렵고 알까 두려운 일일 것이다.

어려서는 수염이 나도 수염이라 않고 털이라고 한다. 이래서 국민학교에서도 털보의 별명을 면치 못했다. 중학교에 입학하여 15세가 넘어지니 이제 정말 수염들이 박혀 버렸다.

3학년 때 와서는 수염이라고 하기 시작했다. 중

학교 시절에는 선생님 댁에서 학교에 다니게 되었는데 선생님과 밥상을 같이 받을 때 "너 무슨 수염이 그렇게 많이 나냐? 나보다 더 짙구나." 하셨다. 처음 그 말을 들었을 때 얼굴이 빨개지고 시선을 둘 데가 없었다. 그러나 여러 차례 들으니 얼마 후에는 보통으로 돼 버렸다.

고등학교에 입학해서는 면도질도 잘 않고 내버려두니 정말 검실검실했다. 처음엔 말이 많더니 여기서도 낯이 익었는데, 입학한 지 불과 두 달도 못돼서 지리수업 때 한칠석 선생님께서 "너 무슨 수염이 그렇게 기냐? 깎으라오." 하시니 교실이 웃음바다가 돼 버렸다.

친구들이 별명을 모 선생님과 비슷하게 지어놓고 그 선생님을 부를 때 내게다 하듯이 부르는 장난들도 쳤다. 그리고 고등학교에 와서는 학생들도 제법 커서 모발에 대한 관심을 가진 이들도 많이 있었다. 그때부터는 수염 하나만은 걱정이 없어졌다. 정말 검실검실해도 부끄러운 줄 모르고 다녔다.

그런데 검실검실해가지고 시내에 나가면 사람들이 하도 쳐다보니 정말 그것도 어색했다. 그것 역시 후에는 익숙해졌다. 3학년에는 몇몇 학생은 '털보'다 아니 '터럭'이다, 나중에는 '하랍씨'라고까지 야단들이었다.

이발한 지 오래된 어떤 날 학교에 가는데 뒤에서 여자 중학생들이 마구 웃어댔다. 뻔히 아는 일이라 나도 따라 같이 웃을 수밖에……. 하루 아침에는 어떤 할머니가 우리 친구 서너 명이 함께 가는 것을 유심히 보다가 "얼레, 저 학생 봐 어쩌커나? 별꼴 다봤네. 수염이 저렇게 많이 났어." 하셨다. 우리는 그 말을 듣고 배꼽을 뺐다.

한번은 모 대학에서 면접을 하는데 옆에 있던 교수님이 "몇 살인가? 수염이 많이 났군 깎아야지." 했다. 그 말에 학장이 웃어버렸다.

이 밖에도 내 수염에 관한 일화는 다 쓸 수 없을 정도다.

그러면 고금의 세계 저명한 인사 중 수염 많이

난 사람과 그렇지 않은 사람의 비율은 어떤가? 수염 많이 난 분이 절대 다수이다. 근래 쿠바의 혁명군 지도자 카스트로의 수염을 본받아 그 나라에서는 수염 기르는 것이 유행됐었다는 신문기사를 본 기억이 난다.

이제는 수염 가지고 걱정은 그만두고 자랑을 좀 해야겠다. 여하간 남자로서는 수염이 많이 나고 몸에도 털이 나서 꺼끌꺼끌해야 남자다울 것이다. 사람도 수염난 사람이 더 좋다. 하기야 수염이 전혀 안 나는 사람이야 어디 있을라구? 나는 좀 어려서 났기에 그랬지……. 어려운 일이든, 힘든 일이든 오랫동안 이겨 나가면 추억이 될 수 있는 것.

잊을 수 없는 은사님

―정상순 선생님

익산중 · 고등학교 동창회보 간행을 담당하신 선생님으로부터 중학 시절을 회상하는 글을 한 편 써 달라는 전화를 받고 극구 사양했다. 별 자랑거리가 없기 때문이기도 하고 그러한 글을 한 번도 써본 일이 없기에 거듭 사양하였다.

그러나 이번에는 직접 찾아오셔서 지금 학교에 다니는 재학생들에게 격려의 글도 좋고, 무슨 형태의 글이든 좋다는 간곡한 부탁을 하셨다. 할 수 없이 쓰기로 약속을 하고 막상 쓰려고 하니 내 자랑할 것은 정말 아무것도 없다. 망설이던 끝에 학교 이야기나 선생님들에 대한 생각을 하기에 이르러 내 앞에 우뚝 서는 선생님 한 분이 계셨다. 바로 중학교 1학년 때 담임선생으로 현 중학교 교장이신 정상순 선생님이시다.

6·25 후 집안 사정이 어려워 초등학교를 졸업하고 중학교에 진학을 못 하고 집에서 농사를 돌보며 서당에서 1년 동안 한문 공부를 할 때 중학교에 다니는 친구들의 모습이 얼마나 부러웠던지……. 다음 해에 아버님의 배려로 익산중학교 시험을 보고 입학하게 되었다. 집에서 10㎞ 이상의 거리를 매일 걸어서 다녔으나 마냥 즐겁기만 했다.

그러던 2학기 어느 날 담임선생님과 면담을 하게 되었다. 면담을 끝내신 선생님께서 나의 통학하는 어려운 처지를 아시고 "우리 집에 와서 조카들과 같이 학교에 다니지 않겠느냐?"는 말씀을 하셨다. 어린 나는 얼마나 좋았던지 선생님이나 사모님께 괴로움을 끼쳐 드린다는 것은 조금도 몰랐다. 이래서 나는 원촌에 있는 선생님 댁에서 중학 시절을 보내게 된 것이다. 그때부터 공부하는 일이나 친구 사귐, 어른을 대하는 태도 등 모든 것을 선생님의 영향을 받아 인격 형성의 기틀이 마련되었다.

선생님께는 위로 형님이 세 분 계셨다. 그중 두 분 형님의 아드님 순태, 승득 두 조카들이 나보다 1년 선배로 먼저 선생님 댁에서 학교에 다니고 있었다. 형제애를 한눈에 읽을 수 있는 모습이었다. 어쩌다 형님 한 분이라도 오시면 얼마나 깍듯이 모시는지 내외분의 그 모습은 지금도 잊을 수 없다. 항상 말씀하시기를 일찍 아버님을 여윈 뒤에 형님들을 아버님처럼 의지하고, 도움을 받고, 이리 농림과 한양공과대학 기계공학과를 졸업하고, 지금에 이르렀다고 하셨다.

또한 일찍 홀로 되신 어머님께 대한 효심도 지극하셨다. 가끔 여러 아드님 댁에 출입은 있으셨지만 거의 선생님 댁에 계시면서 손주들과 나를 돌봐주셨다. 지금 그때를 생각하면 사모님께서 더 어려움을 겪으셨을 것이라는 생각이 든다. 시어머님을 모시고 두 조카와 두 따님에 나까지 끼었으니 얼마나 어려우셨을까? 그랬음에도 얼굴 한 번 붉히시는 모습을 뵌 기억이 없다. 그뿐인가. 저녁에 인근에 사는 조카들의 같은 반 친구들, 게다가 나의 친구들까지 선생님 댁에 모여서 공부하면, 여름에는 토마토를 밭에서 손수 따주시고 겨울이면 배추뿌리, 고구마 등 간식들도 푸짐히 마련해주셨다. 선생님께서는 댁에 오시면 학교에서의 엄격하신 모습 대신 항상 부드러운 또 인자하신 모습으로 두 조카와 나와 겸상으로 여러 말씀을 나누셨다.

하루는 식사 중에 "해정이 너 수염이 상당히 길었구나."하시었다. 어린 나로서는 어찌할 줄을 몰라 했던 기억이 난다. 그렇게 인자한 모습이지만 댁에 돌아오셔서도 학교에서 뵙는 것과 같은 단정한 모습이지 흐트러진 모습을 한 번도 보인 적이 없다. 선배 졸업생들이나 재학 중인 학생들이 찾아올 때에도 언제나 반갑게 맞아주었다.

그렇게 성심을 다하시는 모습과 선배나 어른께는 물론 후배나 손아랫사람에게도 매사에 겸손한 모습을 나에게 보여주셨다. 지금도 나는 선생님의 그 모습을 기억만 할 뿐이지 다 행하지 못한다.

지금까지는 주로 어린 눈으로 뵙던 사생활의 일부를 회상했는데 이제부터는 공적인 모습을 중심으로 선생님의 모습을 회상하기로 한다.

우리 동창들이면 누구나 아는 일이지만, 물상(物象)을 가르치시는 선생님의 수업 시간에 학과 외에 다른 말씀을 들은 기억이 없다. 그만큼 매시간 수업에 철두철미하게 임해 주셨다. 게다가 외모는 물론 말씀 한 마디 흐트러진 모습을 뵐 수 없었다. 동료 선생님들과의 관계도 원만하심은 물론 예의 바르고, 실수가 거의 없는 선생님이셨다. 학급 경영에도 남달리 의욕이 강하셨던 것으로 생각이 난다.

내가 3학년 때 선생님께서는 제1회 여학생 반을 담임하셨다. 졸업 무렵 학급문집을 손수 편집하심은 물론 서시까지 쓰신 것으로 기억한다. 그러고 보니 선생님께서는 문학에도 관심을 갖고 육당(六

堂)이나 춘원(春園)에 대한 말씀도 들려주셨다. 선생님의 서가에는 시집과 문예작품집이 있었다. 선생님 내외분께서는 일본어에 아주 능통하셨고 특히 선생님께서는 일본어 고어에까지 능하신 것으로 알고 있다.

졸업생들의 진로지도 면에서도 남다르셨다. 조카들에게는 사범학교를 권하셨고 우수한 여학생은 간호학교에 많이 진학시키셨다. 나에게는 인문고등학교인 남성고등학교를 적극 권장하셨다. 사학의 장점을 여러 모로 말씀하셨다. 그 진로지도에 나는 지금도 감사한다. 그 후 고등학교를 졸업하고, 대학에 진학하고, 군대에서 제대하고, 사회에 진출할 때에도 남달리 염려해주시는 선생님의 모습은 하나도 변하지 않으셨다. 내가 졸업한 뒤에도 제자들을 선생님 댁에 부르셔서 공부시키시는 모습을 보았다.

학교와 지역사회에 대한 애정은 또한 남다르신 데가 있었다. 내가 알기로는 많은 선생님들께서 도시로 떠나실 때 같이 떠나자는 권고와 도시의 모모 학교에서 자리를 마련하고 오시라는 권유도 여러 차례 받으신 것으로 아는데 그때마다 완곡하게 사양하셨다 한다. 여러 이유가 있었겠으나 익산중학교에 대한 애정과 이 지역에 대한 애착 때문이었으리라고 생각한다. 1952년 이후 40여 년 동안 몸담아 오신 선생님의 학교에 대한 열정은 지금도 변함이 없으시다.

성실, 겸손, 사랑, 봉사, 우애, 공경, 효도, 근검절약과 기독교 신앙을 통하여 일생 동안을 교육 현장에서 후진 양성에 헌신하신 은사님의 근엄한 모습을 잊을 수 없다.

사진 한 장의 이야기

1964년 2월 24일 R.O.T.C. 제2기 임관식이 있던 날이다. 누구에게도 연락을 하지 않았다. 학위 수여식에는 여러 분의 축하를 받기도 했으나 기억이 거의 없다. 4년을 마치기까지 너무 많이 지쳐 있었다. 참으로 그 당시 나의 입장으로는 졸업이면 감사할 따름이었다. 그러니 임관식은 감회가 깊긴 했지만 누구에게 축하해 달라는 이야기는 물론이고 아무에게 알리지도 않았다.

임관식이 끝나고 계급장을 달아주는 시간이었다. 모두 축하객이 오셔서 계급장을 달아주는데 나는 우두커니 서 있다가 내가 직접 달려 하는데 옆

에 서 있던 교관님이 오셔서 임관식에 아무도 안 오셨느냐고 묻고 한쪽 계급장을 달고 있는 순간이었다. 어머님께서 아들 딸 손자를 데리고 오셔서 계급장을 달아 주셨다. 어찌나 놀라고 감격스러웠던지 지금도 항상 되새겨지곤 한다. 어머님께서 점심까지 사주신 일을 기억한다. 어머님과 기념사진을 찍고 싶어서 말씀을 드렸더니 기쁘게 웃으시면서 아암 찍어야지! 하셔 가족사진을 찍었다. 그래서 대한민국 육군 소위의 정복을 입고 전문 사진사에게 부탁하여 찍은 사진은 오직 이 한 장이다.

지금도 이 사진을 보면 감격스럽다. 어머님, 동생들, 조카와 함께 찍은 사진이다. 어머님은 천국에 계시지만 내 마음속 한구석에 항상 남아 계신다. 어머님의 말씀을 다하자면 장편 대하소설이 될 만큼 많다. 이야기를 1960년으로 돌아간다.

4·19혁명 후 2학기에 그 당시 뜻있는 선배님들이 조직한 운장암에 초대되어 입회를 하고부터 두 친구 전 양 교육장과 현 진안 동부병원 양 이사장을 알게 되었고 그들은 항상 도서관에 있었다. 사학과(史學科)에 적을 둔 양병국(楊秉局)으로부터 그 당시 국사대관(國史大觀)을 열 번 읽었다는 회고담을 들었다. 그리고 양병철(楊秉喆)은 재수를 위해서 전북대학교 도서관을 늘 다니곤 해서 그때부터 깊은 사귐이 시작되었다. 다른 좋은 친구들도 있지만 내가 각별한 생각을 가지고 있는 두 친구다.

이제 내 나이도 60이 넘어 65세의 정년을 2년 앞둔 시기이지만 40년을 거슬러 올라가본다. 정확하게 말하면 43년이다. 그때는 누구 할 것 없이 살기가 어려운 형편이었다. 지금은 고인이 되신 휘(諱) 남원 양(楊)공(公) 윤(閏)자(字), 상(祥)자(字)이신 아버님께서는 당시 공무원의 봉급이 박했지만 궁한 모습을 하나도 보이지 않으셨다. 대가족으로 여러 형제 자매를 거느리고 같이 사셨지만 한결같이 사랑하고 우애하는 부지런한 가족들의 모습을 언제나 볼 수 있었다.

철없는 나는 친구 집을 항상 찾아가서 때도 모르고 있다가 식사도 같이한 적이 많았다. 이야기하다가 통행금지 시간이 되면 으레 자고, 아침밥까지 먹고 학교에 갈 때도 흔히 있었던 기억이 떠오른다. 그뿐 아니고 가정교사를 할 때 어느 순간 잠자리 갈 데가 없어서 방황하다가 밤중에 그 댁에 찾아가서 같이 자고 밥을 먹곤 하던 일을 거의 4년을 계속했다. 지금 생각하면 참 철부지도 이만저만이지 그럴 수가 없을 것이다. 그러나 나는 그런 일을 했다.

그때마다 아버님 어머님 형수님들께서는 항상

우리가 밤을 새우고 그 이튿날까지 계속 큰소리로 떠들며 지내고 있어도 누구 하나 싫어하는 빛을 보이지 않으셨다. 가끔 쉬는 날은 아버님께서도 계셨지만 웃으면서 지켜보실 뿐 다른 표정은 거의 찾아뵐 수가 없었다. 그 후 정년으로 퇴직을 하고 우표수집을 하면서 손자들에게 우표를 직접 사가지고 가서 우표첩을 만들어 주곤 하신다는 신문 기사를 보았다. 그만큼 손자들의 미래를 위해서 그런 취미생활까지 생각하시는 자상한 모습에 존경심을 가졌었다.

어느 때인지 그 시기는 정확히 기억을 못 하지만 용담으로 물놀이를 위해서 뫼시고 갔을 때는 진안이 고향이서인지 날고기를 잘 잡수시면서 옛이야기를 많이 들려 주셨다. 그리고 오래 뒤에 뵈올 때는 아주 당당하신 모습이었다. 아들딸 집을 거의 빠짐없이 일주를 하다가 용돈이 더 필요하면 병원에 들러서 서슴없이 얼마쯤 내어놓으라 말씀하시면 양원장은 말 한 마디 않고 즉시 내놓는다 하셨다. 조금 앉아 계시다가 또 다른 아들딸을 찾아가 형편을 둘러보곤 하신다는 말씀에 여전히 자상한 면과 다복함이 매우 부럽고 존경심까지 가진 적이 있다.

그리고 항상 웃는 모습으로 "밥 더 먹지." 하시던 어머님은 내 건강까지도 챙겨 주셨다. 더욱 잊을 수 없는 것은 사철 어느 때를 가리지 않고 새벽 4시 전에 기침하셔 그 당시 전주 중앙교회로 새벽기도하러 가곤 하시는 어머님의 신앙심이었다. 그리고 그 가정이 축복을 받은 것도 어머님의 신앙심으로 생각하였고 지금도 그렇게 믿고 있다.

아버님의 근엄하심과 어머님의 자애로움으로 그 가정에 웃음과 사랑이 가득 차 있었다. 이 모든 생활의 양상은 일반 가정에서 찾기 어려운 일이다. 학교 다니는 아드님들도 공부를 열심히 하여 등록금은 장학금을 받아 거의 걱정이 없고 용돈은 신문배달이나 다른 요즈음 말로는 아르바이트를 하여 해결하곤 했었다. 나는 그 댁이 내 집인 양 스스럼없이 계속 다녔다. 이런 중에도 어머님의 특별한 사랑을 받음도 잊을 수가 없다.

1962년 여름방학을 기해서 35사단에 하기 학군 병영훈련에 들어가기 약 2주 전 일이었다. 몸이 아파서 3일 동안 꼼짝도 못 하고 앓고 누워 있었는데 어머님께서 약도 사다 주시고 죽을 끓여서 먹게도 하셨다. 보살펴 주신 사랑으로 완쾌되어 잘 쉬었다가 병영 훈련에 임했다. 그야말로 지옥 같은 훈련을 4주간 받고 나와서 어머님을 뵈었을 때 크게 반기며 손을 꼭 잡아주고 얼마나 고생을 했느냐며 위로와 격려를 하여주시던 어머님의 모습을 나는 지금도 기억한다.

사랑이란 일방적으로 주기는 힘든 일인데 어머님은 이러한 사랑을 나에게 또 많은 사람들에게 베푸셨다. 그 결과가 자손들에게 당대에 복을 주셔서 훌륭히 성장하여 오늘에 이른 것으로 생각한다.

베풂은 여기서 끝나지 않았다. 전주방사선과를 개원 후 나 자신을 비롯하여 우리 가족은 물론 내 친구들까지도 방사선 검진과 값비싼 초음파 검진,

CT 촬영까지 진료비를 하나도 받지 않고 해주셨다. 항상 신세를 지는 것이 송구스러워 가지 않으려고도 해 보았으나, 양 박사의 진단이 아니면 믿기지를 않아서 지금까지 무료 진료를 받는 형편이다.

지금 자녀들을 보면, 오늘의 삶을 누리는 행복, 자부심을 가질 수 있을 만큼 모두 성공적인 모습으로 우뚝 서 있다. 모든 일은 단독으로 되는 게 아니고 서로 협력하며 사랑을 나누었을 때 이루어지는 것이다. 가부장인 어른이 계셔서 집안의 중심을 잡고 간곡한 기도를 드리며 이웃을 내 몸같이 사랑하는 분이 이 댁에 계셨기에 자손들이 성공하였다. 그들은 보다 나은 내일의 삶을 확신하며 남을 도울 수 있는 가풍을 이룬 것이라는 생각이 든다.

이런 댁에서 이웃과 사회, 국가와 민족 나아가서 인류의 복지를 증진시키는 데까지 이르는 인재도 탄생할 것이다. 이 자리를 통해서 모든 분들께 한 말씀을 드린다면 "감사합니다."이다.

장씨(張氏)네 효자 소나무

어느 해, 찌는 듯한 삼복더위에 정양 교수, 양병국 교장과 함께 효자동과 삼천동의 어구에 서 있는 완당 선생(阮堂先生)의 글씨 비문이 있는 조선효자문(朝鮮孝子門)을 찾아가서 탁본(拓本)을 한 적이 있었다. 단청을 해놓은 정문(旌門) 좁은 문틈 사이로 화선지를 넣어 비석에 대고 물을 입에 머금어 뿜어서 찰싹 붙인 뒤에 솜방망이로 두들겨 물을 빼고 먹물을 솜방망이에 묻혀 다시 비석 위의 종이를 두들겨 '朝鮮孝子' '阮堂金正喜書'라는 글자를 찍어내고, 풀 위에 놓아 볕에 말리기까지 땀흘려가며 한나절을 쉬지 않고 탁본한 적이 있었다.

그 뒤에 여러 사람들과 만나서 효자문 이야기와 완당 선생 이야기를 하고 몇 번인가 다시 탁본을 하러 가자고 말만하고 실행에 옮기지 못했다.

며칠 전 아침에 산보 겸해서 그 효자문이 있던 자리를 찾아나갔다. 아파트 단지가 되어 있어서 길을 분간하기가 어려웠다. 벽돌공장이 있던 자리는 서부시장이 되었고 파티마 성당은 그 이름이 효자성당(孝子聖堂)으로 바뀌었고, 탁본하러 갈 그 무렵에는 성당이 우뚝 높아서 눈에 잘 띄었으나 오늘은 아침 5시 30분경이라 사람이 드문데도 성당을 쉽게 찾을 수 없을 만큼 높은 집들이 들어서 있었다. 길을 물어 길을 따라 고개를 오르고 보니 모두 아파트 단지가 아닌가? 광진, 쌍용, 삼천아파트를 지나 평화동으로 뚫린 길을 따라 갔다.

한참 가니 복숭아 과수원이 있고 왼쪽에 제각(祭閣)이 하나 보인다. 전에 못 보던 집이었다. 집 근처에 이르니 한 20세 되어 보이는 젊은이 하나가 과수원으로 가고 있기에 불러 효자문을 물었으나 알지 못한다 했다. 옆을 보니 정문은 없고 비석이 하나 보이고 집이 한 채 있다. 그 앞엔 수중귀족(樹中貴族)이랄 수 있는 노송(老松) 한 그루가 위풍당당히 하늘을 막고 서 있었다. 내가 본 소나무 중에서 가장 크고 상처 없이 잘 자란 소나무였다. 본시 소나무는 귀티가 나고 그 나무의 맵시가 다른 나무의 추종을 불허하는 고고한 모습인데다가 수백 년 풍상을 견뎌낸 노거송(老巨松)임에랴! 별로 감탄할 줄 모르는 나에게 이 아침에 무한한 감탄의 말을 혼자 하도록 하고도 남았다. 나무 밑에 가서 마음을 놓고 나무를 두루 살펴보았다. 나무 앞에 작은 비석이 하나 서 있다. 천연기념물(天然記念物) 표방(表榜)인 줄 알고 가 보았더니 '장씨선산송대(張氏先山松臺)'라는 비석이었다.

시민의 소나무가 아니고 장씨(張氏)네 소나무였다. 내 생각에 이건 분명 시민의 것이 되어야겠고 천연기념물로 보존되어야 마땅하다. 대개 소나무는 밑둥이 높아 5자 이상 미끈하게 뻗어 올라가서 두세

가지가 뻗는 것이 일반적인 모습이다. 보은의 정이품(正二品) 소나무가 그렇고 큰 소나무의 모습은 대개 그렇다. 소문이 안 나 여러 사람의 눈에 잘 띄지 않게 구석에서 자란 탓인지 큰 상처없이 자란 듯했다. 쭉 뻗은 가지 끝이 논바닥에 닿을 만큼이나 늘어져 있었으나 밑에 다른 나무로 고인 모습도 볼 수 있었다. 비료를 주었거나 송충이를 잡아준 것 같지는 않지만 정성을 들여 아껴온 흔적은 보였다.

아파트 밑에서 '이게 어디인가?' 하고 아무리 두리번거려도 알 수가 없었다. 마침 제실에서 60여 세 되어 보이는 할아버지 한 분이 나오셨다. 가까이 가서 인사를 하고 소나무 나이를 물었더니 오백 살도 더 된다더라고 하셨다. 내친김에 효자문의 위치를 물었다.

"아! 그 김씨네 효자문! 저 삼천아파트 단지에 있었지요."

"그럼 지금은 어찌 되었나요?"

"선산을 사서 옮겼다고 하데요."

다리 밑 풍경

한국의 아니 우리 조국(祖國)의 실정이 이렇다.

한쪽에서는 모르는 세계다.

백 환짜리 국밥 이것이면 환갑잔치쯤 된다.

백 환짜리 국밥 한 상으로 환갑잔치를 베풀었단다.

다리 밑 교각에 의지를 하고 방을 만든다.

언제나 조심성을 잃어선 큰 일이다. 키가 작은 우리 국민이지만 그래도 굽어들어야 하고 언제나 달걀 지고 성 밑이다. 한 시간 지나면 검정 것은 부옇다.

어린이가 논다. 변소, 식당 겸 침실이다.

부엌도 그렇고. 언제나 이불은 아랫목을 지키고, 시소인 양 타고 지내며 양재기 두셋쯤은 방바닥에서 놀기 예사다. 거기에 청소도구 먼지떨이, 흩어져 있는 옷들, 불한당이 털고 간 집 이상이다.

파리들도 언제나 문안이고, 바람은 수시로 앞뒤로 오간다. 어디서나 사람이 잘 볼 수는 있지만 햇빛은 뚫고 들기 어렵다. 거기서 젊은 부부 그다음 세대가 함께 산다. 걸레를 생산한다. 시내의 쓰레기 모아 빨아서……. 아버지는 거의 토인의 모습으로 어린이를 무릎에 뉘고 양지쪽에서 같이 졸고 있다. 다리를 뻗은 채, 파리도 쉬어 가라고 하며 누구나 볼 수 있게 드러나 있다.

운동경기 규칙 개정안

'86 Mexico world cup 열기가 세계적으로 대단한 것 같다.

한국의 선수들도 참가하여 비록 지기는 했으나 좋은 경기를 하였다. 좋은 경기를 했고 최선을 다 했으니 나무랄 데가 없다.

그런데 이런 굵직한 국제 경기를 치르고 나면 항상 생각나는 것이 있다. 경기 규칙이다. 특(特)히 축구, 농구, 배구, 핸드볼 등과 같은 경기(競技)에서 더 두드러진다. 경기 규칙이라는 것이 일방적이고 불공정(不公正)하다는 생각이 든다. 규칙이란 공평(公平)해서 있는 기량만으로 최선을 다하여 승부가 결정되도록 되어 있어야 할 것이다. 가령 레슬링, 유도, 복싱(복싱에도 약간의 문제는 있지만) 등의 경우처럼 체급별로 기량을 겨루도록 규칙을 정해서 할 때 비교적 기량에 의한 승부가 결정될 것이다. 반면 축구, 배구, 농구 등의 구기 종목은 아무래도 서구 사람들이 만든 일방적인 규칙으로 경기를 진행하게 되어, 키 작은 아시아, 아프리카의 대부분(大部分)의 사람들은 그 키 작은 열등감에서 벗어날 수 없게 되어 있다.

키다리들의 놀음에 난장이는 들러리로 웃음거리밖에 안 되는 것 같다. 2m30cm의 기형아를 뽑아서 별 기량(別技量)도 없는데 농구선수랍시고 데리고 나온 일이다. 2m가 넘는 우리나라의 K모 선수를 몸도 느리고 특별한 기량도 없는데 키 큰 사람들과 대항하기 위해서 키 크다는 이유 하나만으로 선발 기용해서야 되겠는가? 물론 국제 경기로서 모든 역량을 다 발휘하여 최강자를 가리자는 것도 이해할 수 있다. 키도 크고 기량도 뛰어난 선수들만 골

라서 겨루면 될 게 아니냐고 반론도 나올 수 있겠다. 하지만 현실은 키가 크고 작은 차이가 몸무게의 차이 이상으로 나고 있지 않은가? 그렇다면 그 현실에 맞는 경기 규칙을 만들어야 할 것이다.

만약 키 작은 나에게 국제 경기 규칙을 마음대로 정하게 한다면 키 작은 나 위주의 규칙을 만들 수 있을 것이다. 가령 축구이니 발로만 볼을 차고 헤딩을 금지시킨다면 어찌 될까? 이건 키 큰 사람들에게 유리한 규정은 못 되리라. 물론 이 규칙 역시 공평한 규칙은 못 된다. 만약 키 큰 사람과 작은 사람들이 각각 다른 규칙을 만들어서 적용하는 경기를 따로 한다면 참 의미의 인류 전체의 화합은 없을 것이다. 한쪽에서 양보 없이 강요만 한다면 결국 분쟁이 일고 말 것이다. 어쩔 수 없어서 약한 편에서 일방적으로 양보를 강요당한다면 그것 역시 참 의미의 평화나 축제 분위기는 결코 아닐 것이다.

키 큰 사람과 작은 사람이 어울려서 하는 지금과 같은 축구나 농구 배구 경기는 키 큰 사람들의 놀음이요, 키 작은 사람들은 놀이개 모양이 되고 만다는 것을 너무나 잘 알 수 있지 않은가? 그걸 키 큰 쪽으로 보아도 이겼다고 만족하거나 자랑스러울 수 없는 일이다. 정정당당한 규칙 밑에서 떳떳하게 싸워서 이겨야 자랑스러운 일이 아니겠는가? 상대도 안 되는 어린아이와 팔씨름을 하여 이겼다고 자랑할 수 있을 것인가? 아이는 아이끼리 어른은 어른끼리 싸워서 승부를 내야 할 것이다.

그렇다면 분명해졌다. 지금 곧 경기 규칙을 잘 검토하여 정말 공평하게 키, 몸무게 모든 여건을 고려하여 새로운 경기 규칙을 제정해야 할 것이라고 생각한다. 이 규칙을 제정할 사람들은 사심을 버리고 냉철한 입장에서 공의(公義)롭게 개정하도록 힘을 써야 할 것이다.

물론 꿈같은 이야기이다. 이 꿈이 이룩되는 날에 세계는 전쟁없는 참 평화가 이룩될지도 모른다. 그러나 이 꿈은 언젠가는 실현되어야 하고 실현될 것이라 믿는다.

고통에서 영광으로

하나님 아버지 1997년 마지막 주일 석양 예배에 기도드릴 수 있는 영광을 주셔서 감사합니다. 97년을 반성하면 심히 죄스러운 마음뿐입니다.

저희들은 개인의 일이나 공적인 일들을 반성해 보면 만족할 만한 것이 거의 없고 모든 일에 충실하지 못한 것들이 많습니다. 또한 교회에 봉사하는 일이나, 하나님께 감사하는 일이나 모든 것들이 마음뿐 하나님의 말씀대로 살지 못한 점이 너무 많았습니다. 이 모든 것들을 용서하여 주시고 새해에는 이행하지 못한 일들을 더욱 충실히 할 수 있도록 지혜와 능력과 영육 간에 건강을 주시기를 간절히 기도합니다. 우리 교회에서 계획하는 내년도의 모든 일들이 주 안에서 잘 이루어질 수 있는 지혜와 능력을 더하여 주시기 바랍니다.

다음은 우리나라를 위해서 기도합니다. 지난 반세기 동안 얼마나 많은 갈등이 있었습니까? 또 지금 우리나라는 이른바 총체적인 위기에 당면했다고 합니다. 특히 경제적으로 말하면 온통 빚투성이가 되어 있다고 합니다. 그래서 다른 나라의 힘을 빌리지 않으면 국가가 부도를 내게 되어 있는 기막힌 실정입니다. 외국의 굴욕적인 간섭을 받아야 된다 합니다.

이 위기를 수습할 수 있도록, 하나님께서 역사하시어 새로운 대통령을 저희들에게 맞이하게 하여 주셨습니다. 민주화 과정에서 얻은 상처로 인해서 지팡이를 짚고 다니는 그에게, 모세에게 주셨던 지혜와 능력과 은총을 주시어 우리나라를 잘 수습할 수 있게 하여 주시기를 바랍니다. 그가 말한 것처럼 이 나라가 이렇게 어려운 때에 쓰시려고 그동안 세 번 죽을 뻔하고 세 번 낙선시킨 것인지 저희는 잘 모릅니다. 하나님께서 주관하시어 이 나라를 구해주시기만을 간절히 기도합니다. 그분에게도 건강을 주시기 바랍니다.

장차 우리에게 나타날 영광에 비추어 보면 지금 우리가 겪고 있는 고통은 아무것도 아니라고 생각합니다. 모든 피조물은 하나님의 자녀가 나타나기를 간절히 기다리고 있습니다. 피조물이 제구실을 못하게 된 것은 저희 본의가 아니라 하나님께서 그렇게 만드신 것으로 믿습니다. 그리하여 하나님이 계신 곳에는 희망이 있습니다. 곧 피조물에게도 멸망의 사슬에서 풀려나고 하나님의 자녀들이 누리는 영광스러운 자유에 참여할 날이 올 것입니다. 우리는 모든 피조물이 오늘날까지 다 함께 신음하며 진통을 겪고 있다는 것을 알고 있습니다. 피조물만이 아니라 성령을 하나님의 첫 선물로 받은 우리 자신도 하나님의 자녀가 되는 날과 우리의 몸이 해방될 날을 고대하면서 속으로 신음하고 있습니다. 우리는 이 희망으로 구원을 받았습니다. 눈에 보이는 것을 바라는 것은 희망이 아닙니다. 눈에 보이는 것을 누가 바라겠습니까? 우리는 보이지 않는 것을 바라기에 참고 기다릴 따름입니다.

성령께서도 연약한 우리를 도와주십니다. 어떻게 기도해야 할지도 모르는 우리를 대신하여 말로 다 할 수 없을 만큼 깊이 탄식하시며 하나님께 간구하여 주십니다. 그리고 마음속까지 꿰뚫어 보시는 하나님께서는 그러한 성령의 생각을 잘 아십니다. 하나님을 사랑하는 사람들 곧 하나님의 계획에 따라 부르심을 받은 사람에게는 모든 일이 서로 작용하여 좋은 결과를 이룬다는 것을 우리는 압니다.

하나님께서는 이미 오래전에 택하신 사람들이 당신의 아들과 같은 모습을 가지도록 미리 정하셨습니다. 그래서 그리스도께서는 많은 형제 중에서 맏아들이 되셨습니다. 하나님께서는 미리 정하신 사람들을 불러 주시고 부르신 사람들을 당신과 올바른 관계를 가질 자리에 놓아 주시고, 당신과 올바른 관계를 가진 사람들을 영광스럽게 해주셨습니다.(로마서 8장 18절~30절) 감사합니다.

단 위에 세우신 목사님께 특별히 영육 간의 건강과 사랑으로 옷 입혀 주시고 이 자리에 참석하신 모든 성도님들에게도 사랑과 건강을 주시옵소서. 특별히 기도합니다. 예수님의 이름으로 기도합니다.

아멘!

1997년 12월 28일 저녁 예배 기도문

기도문

거룩하시고 전지전능하신 하나님아버지, 지금까지 산 것만 해도 감사하온데 부족하고 어리석은 제가 이 주일 1부 예배 시간에 기도까지 할 수 있는 기회를 주셔서 거듭 감사합니다.

지난 한 주를 돌이켜보면 하나님 아버지께서 가르쳐 주신 말씀을 잘 지키지 못한 일들이 너무 많다는 것을 회개하오니 용서하여 주시기 바랍니다. 오늘은 2009년 11월 마지막 주일입니다. 저희들이 연초에 완산교회 금년의 표어로 '섬김으로 행복한 교회'를 선정하고 벌써 11개월이 지나가고 이제 곧 12월 연말이 됩니다.

지금은 금년에 계획한 일들을 얼마나 실천했는지를 돌이켜볼 때입니다. 부족한 점이 있으면 남은 마지막 달에 최선을 다하여 연초에 계획한 일들을 차질없이 이루어 나아갈 수 있도록, 12월은 저희들이 정말 섬김으로 행복한 교회가 될 수 있기를 기원합니다. 담임목사님을 중심으로 완산교회에 속한 모든 구성원들도 행복한 마음으로 새해를 맞을 수 있기를 간절히 기도드립니다. 행복한 교회, 행복한 우리와 관련하여 전도서 5장 18~20절의 말씀을 생각해보았습니다.

그렇다. 우리의 한평생이 짧고 덧없는 것이지만 하나님이 우리에게 하라한 것이니 세상에서 애쓰고 수고하여 얻은 것으로 먹고 마시고 즐거워하는 것이 마땅한 일이요, 좋은 일임을 내가 깨달았다. 이것은 곧 사람이 받은 몫이다. 하나님이 사람에게 부와 재산을 주셔서 누리게 하시며 정해진 몫을 받게 하시며, 수고함으로써 즐거워하게 하신 것이니

이 모두가 하나님이 사람에게 주신 선물이다. 하나님은 이처럼 사람이 행복하게 살기를 바라시니 덧없는 인생살이에 크게 마음 쓸 일이 없다.[표준새번역 전도서 5장 18~20]

이 말씀을 통해서 저희들의 행복이 어떤 것인지를 더 알 수 있기를 원합니다. 남은 예배의 일체를 하나님 아버지께서 주관하시기를 간곡히 바라면서 예수님 이름으로 기도드립니다. 아멘!

2009년 11월 29일 1부 예배 기도문

쥐를 쫓다

쥐라는 동물은 어디에 필요한 것인지, 천지를 창조하신 분의 뜻을 도저히 알 수 없어서 안타깝기만 하다. 그 깊은 뜻은 접어두고 내가 아는 쥐는 정말 필요 없고 무척 귀찮은 존재라서 말하기조차 쑥스럽다. 도대체 쥐가 얼마나 우리에게 못된 짓을 하는지 다 헤아리기 어려울 것이다.

우리 인간이 먹어야 할 곡식을 먹는 것은 나누어 먹는 것이라고 하더라도, 귀한 가구에 구멍을 내는 일, 논두렁을 뚫어서 구멍을 내어 물을 모두 빼놓는 일, 연탄을 때는 방에 구멍을 뚫어 연탄가스가 새어 들어 변을 당하게 하는 일, 몹쓸 질병을 옮기는 일, 천장에 들어가 잠을 설치게 하는 일……. 이런 못된 짓을 하는 쥐는 천하에 고양이나 족제비의 먹이가 되는 일 이외에는 정말 쓸모가 없을 듯한데 이 쥐로 인하여 고통받는 사람들이 아주 많을 것으로 생각된다. 방, 거실, 주방에 침입한 쥐로 인해서 며칠 잠을 설친 일을 생각하면 오래되도록 잊히지 않는다.

며칠 전 현관문을 열어놓은 탓에 중간쯤 크기의 쥐 한 마리가 방에 들어왔다. 어찌나 잘 숨는지 며칠 동안 알지 못했으나, 아무리 쥐새끼라도 며칠 머물다 보니 탄로가 날 수밖에 없었다. 앙증스런 꼬리에 수염, 고 작고 검은 눈을 가진 쥐새끼가 입에 무엇을 물고 갉아먹고 있지 않은가? 어찌 보면 귀엽게 보아줄 수도 있는 구석이 전혀 없지 않아 보이는 것이 바로 쥐새끼의 이러한 모습이리라. 그러나 나와 눈이 마주치는 순간 잽싸게 장롱 뒤에 숨어버린다.

이 순간부터 고민과 께름칙한 마음으로 견딜 수

없었다. 며칠 동안 함께 지낼 때는 전혀 몰라 아무렇지 않았던 것이 이 순간부터 상황은 달라지고만 것이다. 여러 차례 농 뒤를 막대기로 쑤시고, 두드리고, 휘둘러보아도 쥐죽은 듯 조용하다. 농을 옮길까? 아니지 제 놈이 언제인가 나오겠지, 기다리자. 기다리면 내 손아귀에 와서 잡혀준다는 말인가? 그럼 어찌해야 되는가? 잡아야지! 어떻게? 쥐약을 놓아 먹고 죽도록 할까? 어디에 가서 죽을 자리를 찾을지 알 수 없어서 그 간단한 방법은 미덥지 못하다. 어떻게 할까? 이럴 때는 방안의 살림살이라는 것들이 모두 장애물 취급을 받는다.

생각 끝에 덫을 놓기로 했다. 하루 낮밤을 지냈으나, 쥐새끼는 도무지 미끼를 먹지 않는다. 그리고 낮에는 정말 쥐 죽은 듯이 잠을 자는지, 숨어 있는지 알 수 없다. 밤 3시에 쥐새끼가 가구를 갉아대는 소리에 잠을 깨었다. 어디인지 방향을 잡기가 어렵다. 겨우 찾아서 몽둥이를 들고 살금살금 고양이처럼 다가갔으나 어느새 쥐새끼는 소리를 내지 않는다. 그날 저녁 잠만 설치고 그만 쥐는 잡지 못했다.

이렇게 며칠 저녁을 반복하니 짜증스럽기도 하고 피곤하기도 하다. 이놈을 잡기는 꼭 잡아야겠는데, 어찌하나? 약은 놓을 수 없고 덫에는 안 걸리고, 손으로 잡을 수도 없고……. 고민 끝에 묘안을 찾았다. 쥐와 타협을 하는 것이다. 글쎄 쥐새끼와 무슨 타협? 얄미운 쥐새끼일망정 생명이 있는 놈이고 보니 타협할 수밖에 없는 것이 현실이고 현명한 판단이라고 생각했다. 오래 끌면 내가 원하는 대로 덫에 걸리거나 내 손으로 잡을 수도 있겠으나 타협하여 문을 열어놓고 나가 달라고 부탁하는 것이 현명하다고 생각했다.

요새 양옥은 문만 닫아 놓으면 나갈 데가 없다. 창문을 열어 놓았으나 방충망이 처져 있어서 밖에서 벌레나 쥐새끼가 방으로 들어올 수 없는 것은 다행이고 당연하다.(이것도 내 중심으로) 방에 있는 귀찮은 존재도 나갈 수 없음도 현실이고 보니 어찌해야 좋다는 말인가? 낮에 쥐가 나가려고 방충망을 친 창 위로 올라갔다가 나를 보고 다시 농 틈으로 숨어버린다. 나가고 싶고 가슴 조이나 나갈 수 없어 안타까운 모양이다. 아마 귀찮게 않을 테니 내보내만 달라는 부탁을 하는지?

방충망을 뜯고 한나절을 기다렸다가 다시 닫았다. 충분히 시간을 주었으니 나갔을 것이다. 밤이 되었다. 조용하다. 쥐나간 듯이 조용했다. 웬일? 자정이 넘어 새벽 두 시경! 어디서 다시 현란한 신고다. 피아노가 있는 세희 방에서 나가지 못해 방문을 잡아대는 소리다. 요놈이 문을 열어 놓으니 함정인 줄 알고 나가지 않았거나 일찍이 피난을 하여 있다가 본색을 드러낸 것이다.

그러나 역시 협상이다. 문을 열고 마루에 숨어서 나가는 것을 확인하기 위해서 지켰다. 약 40분쯤 뒤에 쥐가 나온다. 낮에 두어 번 보았던 고놈이다. 마루를 통과하여 주방 싱크대 밑으로 숨는다. 예의 협상은 계속된다. 주방에서 밖으로 통하는 문을 열어 놓고 나가기를 기다린다. 30분쯤 지나서야 살금살금 나온다. 문 앞에 이를 무렵 이게 웬일인가? 바람이 그만 문을 닫아버리는 것이 아닌가? 다시 쥐는 싱크대 밑으로 숨어든다. 이제야 됐다. 문을 열고 닫히지 않게 잘 열어 놓았다. 역시 30분쯤 지나서야 슬금슬금 나온다. 이제는 문 옆으로 얼른 가지를 않고 식탁 밑으로 기어든다. 문쪽으로 쫓을까? 아니다 기다리자! 슬금슬금 둘레둘레 살핀 뒤에 문을 향해 쏜살같이 나가고 만다.

"쥐 나갔다! 쥐 나갔다!" 얼른 문을 닫았다. 이제 쥐는 나갔으나 모기가 야단이다. 모기쯤이야! 문을 닫고 모기향을 피워놓고 곰곰 생각하니 아무래도 괘씸한 생각이 든다. 밖에다 쥐약을 놓아 잡아야지! 하면서도 며칠째 쥐약을 놓지 않고 있다. 잡지 못한 적은 쫓아 놓고 후속 조치를 해야겠다.

결혼을 축하합니다

먼저 두 사람의 결혼을 축하합니다.

결혼의 의미와 삶의 자세에 대하여 간략히 말하고자 합니다.

결혼이란 사랑하는 두 남·녀의 만남입니다. 물론 만남에는 여러 가지의 형태가 있는 줄 압니다. 부모와 자녀의 만남, 형제자매의 만남, 친구와 친구, 사제 간, 직장의 동료 등 많은 만남이 있습니다. 어느 것이나 모두 소중한 만남이지만, 결혼을 통한 만남이란 인생의 일생 가운데 가장 중요한 일입니다. 서로 다른 환경에서 각각 따로 생활하던 사람들의 만남이기에 처음에는 서로 적응하기가 어려운 점들이 많을 것입니다. 여기에는 많은 인내가 필요할 것이나 그 바탕이 되는 것은 사랑이라고 생각합니다.

사랑을 하게 되면 모든 것들을 극복할 수 있을 것입니다. 이것만 바탕이 된다면 어려움이 없을 것입니다.

물론 누구나 결혼을 하는 이 순간은 사랑과 기쁨이 넘칠 것입니다. 하지만 많은 시간이 흐르고 나면 처음에는 잘 모르던 결점도 보이고, 섭섭한 경우도 있고, 때로는 심한 갈등이나 의견이 충돌될 때도 있습니다. 더러는 실망과 좌절을 가져오기도 합니다. 이러한 때에 부부는 서로 노력하여 처음 만날 때 가지고 있던 사랑을 이어나갈 수 있도록 최선을 다해야 될 것입니다. 되풀이하지만 거기에는 헌신적인 사랑이 필요합니다. 서로의 약점을 보완하고 장점들은 더욱 살려 나가야 될 것입니다. 더 나아가 양가의 부모님이나 형제자매 일가친척들은 물론이고 이웃까지 사랑할 수 있도록 사랑을 더욱 넓혀가야 할 것입니다.

다음은 정신적으로나 물질적인 면에 여유가 있어야 합니다. 정신적인 면을 위해서는 부지런히 독서도 하고 각종 문화 행사에도 관심을 가지고 참여하고 서로의 느낌을 교환하고 비판도 할 수 있는 안목을 길러야 될 것입니다. 한걸음 더 나아가 권유한다면 종교적인 면도 깊이 생각할 필요가 있습니다. 여기까지 이르러 영적인 면까지 같은 길로 나간다면 더 바랄 것 없는 훌륭한 부부가 되었다고 생각합니다.

또 물질적인 면 곧 경제적인 여유가 있어야 합니다. 물론 경제적인 만족은 한도 끝도 없는 줄 압니다. 경제적인 욕심에는 커트라인이 없는 줄 압니다. 이 점에 대하여 어떤 목사님께서 하신 말씀을 인용하여 신랑 신부에게 드리고자 합니다.

첫째 자족할 줄 알아야 됩니다. 아무리 많은 재산을 가지고 있다고 하더라도 자족할 줄 모르면 늘 가난한 사람이 되고 맙니다. 그래서 더 욕심이 생기고 더러는 헤어나기 어려운 죄악의 구렁에 빠지고 맙니다.

둘째 남에게 베풀 줄 알아야 합니다. 물론 이 재물을 모으는 데 얼마나 많은 피와 땀을 흘렸는데 하고 망설일 수 있습니다. 하지만 우리는 나보다 더 어려운 처지에 있는 자들을 위하여 나누어 가질 줄 알아야 합니다. 이걸 통해서 많은 기쁨과 또 더해지는 많은 이로움도 나타납니다.

물론 저축도 하고 여행도 하고 다른 사람에게 지지 않을 만한 생활도 하고자 할 것입니다. 그래도 참고 저축하고 절약하여 이웃을 위하여 힘닿는 데까지 베풀어야 합니다. 쌓아둔 재산이 전부 내 것이라고 할 수 없습니다. 우리의 미래에 대하여 한 시간 뒤의 일도 모르지 않습니까? 재산을 모으고 쌓아 두는 데까지는 죄가 아니지만 그 재산을 바로 쓰지 못하면 사회에 대하여 죄가 된다고 말합니다.

셋째 은혜를 잊지 말고 감사할 줄 알아야 합니다. 배은망덕은 큰 죄악입니다. 여기서 한걸음 더 나아가 이웃, 사회, 국가, 인류를 위하여 봉사할 수 있고 이바지할 수 있는 삶이 되기를 기원합니다.

끝으로 다시 강조합니다. 이 시간의 기쁨과 사랑이 영원하기를 바랍니다. 또한 정신적으로나 경제적으로 여유가 있어야 하며 자기의 처지에서 만족할 줄 알고, 남을 위하여 베푸는 것, 은혜에 보답하는 삶을 통하여 가족, 이웃, 내 고장, 국가와 민족 더 나아가 인류를 위하여 봉사하고 이바지할 수 있는 부부가 되기를 간절히 기도하며 주례의 말을 마치겠습니다.

하나님의 은총이 이 새 가정과 부부에게 넘치기를 기원합니다.

2부

수양록(修養錄)

수양록(修養錄) · Ⅰ

— 제2기 R.O.T.C – 병영훈련기(兵營訓鍊記)

1962년 7월 30일 월요일

M1 조준 연습. 사격 연습을 하였다. 바람이 매우 시원했다.

사격 연습에서 앉아쏘아 자세 시 처음엔 발이 아팠다.

저녁 식사 후에 연대장님의 교육에서 사기(士氣)에 대한 여러 이야기가 퍽 감명 깊었다. 상급자가 부하를 지휘하는 건 퍽 중요한 일이라고 여겨졌다. 그런데 나는 체력이 약한 탓으로 저녁 식사한 것을 전부 토해내는 현상이 났다. 병원(의무대)에 가서 누룽지 불린 물에 약을 먹고 약간 쉬었더니 배 아

픈 증상이 개었다. 의무대에서 밥 먹고 바로 뛰지 말라는 주의를 주었다.

아침의 입소식에서 많은 걸 배웠다.

1962년 7월 31일 화요일

오전에는 어김없이 학과 출장을 했다.

M1 사격수 예비훈련을 받았다.

어찌 그리 물이 많이 먹히는지…….

오후엔 학과 출장 불능으로 의무반에 가서 쉬었다.

어찌도 불안하고 열등감이 드는지 어찌 되든지 내일부터는 학과 출장키로 했다.

1962년 8월 1일 수요일

오늘은 이를 악물고 학과 출장을 했다.

M1 1000″ 연습사격이다. 처음 하는 M1 사격이라 호기심도 호기심이려니와, 마음이 약간 떨리고 당황했지만 실제 사격을 하여 보니 할만하고 재미가 느껴졌다.

엎드려쏴 영점 조준을 하는데 4접선에 △을 이루었다. 사격에서 겨우 17점 득점 기록밖에 안 되었다. 다음 사격 때에는 특등 사수가 되어보겠다.

1962년 8월 2일 목요일

기지 거리 기록 사격. 14발 사격을 했다.

100″ 0점 조준 3발, 5발 왼발 사격 때에 즉 8발을 모두 5점에 명중을 하고 나섰다. 정조준을 하여 완

전한 격발을 하면 과연 명중이 되는 것이 M1 소총이다. 과연 좋은 무기로 자랑할 수 있겠다. 그런데 200″에선 5점이 하나도 없었다. 300″에서도 5점은 하나도 없었다. 이건 바람 관계인가? 아무래도 조준이 서툰 탓이겠다. 내일 기지 거리 기록 사격 시엔 좋은 기록을 세워보겠다.

1962년 8월 3일 금요일

비가 계속 내린다. M1 기지 거리 기록 사격 예정이었으나 바람이 많이 불고 비가 오는 관계로 하지 못하고 야간 관측 훈련과 야간 사격을 하였다.

저녁밥이 어찌나 맛이 있는지 처음에 와서 그렇게 넘어만 오던 밥이 꿀맛이다. 어떤 어려운 일이라도 이렇게 서서히 길을 들이면 못할 일이 없겠다.

1962년 8월 4일 토요일

날씨가 서서히 개었다.

M1 기지 거리 기록 사격 훈련이 있었다. 100yds

시선에서 서서쏴 6발, 200yds에서 무릎쏴 8발, 엎드려쏴 9발 사격이었고, 300yds 시선에서 엎드려쏴 완발 사격 8발 연발 사격 9발 도합 40발 실탄 사격에 의외에도 맞지 않는다. 생각엔 우수한 사수가 되고자 했으나 그리하지 못한 것은 퍽 안타까운 일이다.

토요일이다. 오전 교육만 하고 오후엔 명예회원들 모의 연극으로 교육이 있었고, 정훈 교육이 있었다. 근무자 후보생으로 임명받아 분대장 후보생이 되었다. 남달리 충실히 할 것을 각오한다.

1962년 8월 5일 일요일

일요일이다. 날씨도 퍽 좋다.

오전에 이발을 하였다. 모든 게 질서 유지, 신속정확, 군인의 이발도 과연 그렇다.

오후에는 차를 타고 세탁과 목욕을 갔다. 정말 모든 일거일동을 명령과 복종으로 하면 무엇이나 다할 수 있겠다.

모두가 계획에 의해 질서 정연히 제대로 착착 진

행한다면 많은 성과를 올릴 수 있다고 본다. 평상시 무계획 무절제한 생활을 고쳐야 하겠다.

1962년 8월 6일 월요일

전투 진지 사격을 했다.

이동 목표, 상이한 지역, 상이한 목표에 대한 사격이었다. 비교적 잘 맞는 편이었다.

200점 만점에 135점(1발 명중에 5점)

다시 몸이 아파져서 행동하는 데 퍽 많은 힘을 요했다. 아마 집에서 같으면 끙끙 앓아누울지도 모를 정도였다. 그러나 역시 여기서는 그 정도도 이길 수 있겠다. 과연 사람의 몸과 마음도 단련하면 다 어느 정도까지는 된다는 생각이 깊어져 간다. 많은 힘을 얻었다.

1962년 8월 7일 화요일

날씨는 퍽 쾌청하다. 일조 점호 때 구보를 했다. 어쩐지 아침에 구보를 하고 나면 퍽 피곤하다.

57㎜ 무반동총 기계훈련이다.

강의와 실습을 8시간 동안 하였다. 퍽 재미있게 되어 있다. 대부분이 나사식으로 되어서 돌려 빼면 되었다.

후보생들의 신경은 바늘 끝 이상으로 날카롭다. 조그마한 말에도 퍽 많은 신경을 쓴다. 이런 때에 그 사람의 본심을 잘 알 수 있겠다. 이럴수록 침착하고 정확한, 그리고 용단 있고 아량 있는 행동이 필요했다.

1962년 8월 8일 수요일

오늘 오전은 예비 시간이다. 내무반에서 자습과 모든 예비를 하였다.

11시부터 내무 위병교육이 있었다. 강의 두 시간 후에 한 시간 시범을 보고 2시간 실습을 하였다. 퍽 어려운 근무라고 여겨지며 누구나 다 그 근무자(위병)에 대해서는 퍽 아껴주어야겠다는 생각이 들었다.

석식 후에 비상 교육과 배낭 꾸리는 훈련을 하였다. 이걸 메고 몇백 고지를 마음대로 오르내리는 모양이다.

1962년 8월 9일 목요일

57mm RR조총 훈련을 대연병장에서 실습하였다.

오전에 여러 번 실습을 하고 차로 초포 사격장으로 갔다.

57mm RR의 시범 사격이 두 발 있었다. 귀청이 터질 듯한 폭음이 총미로부터 나오고, 많은 폭풍과 화염이 뒤로 훅 퍼진다. 또 57mm RR에다가 M1 탄을 넣어서 사격을 하기도 하였다.

106mm RR은 위에 목표 탐지 총으로 기관총도 달려 있다고 한다.

나는 오늘 또 벌점 0.5점을 먹었다.

교재 정돈이 잘못되었다. 수양록이 약간 틀어져 있었다. 하나도 불량에 걸리지 않는 후보생도 있는데 이래서는 안 되겠다.

1962년 8월 10일 금요일

3시간 예비 시간 모든 관물을 정리하였다. 오후에 CAR 사격 예비훈련을 하였다.

모든 군사교육이 그렇듯이 많은 강조점, 여러 번 강의를 한 후 많은 인원의 조교가 시범을 보이고 여러 시간 동안 실습을 함으로써 이론과 실제를 확실히 몸에 익히는 실질적인 교육이었다. 또 궤도 등 교재와 실질적인 많은 동작을 교육을 시키는데 이처럼 많은 준비를 갖춰서 일반의 모든 교육이 이뤄진다면 아마 퍽 많은 성취와 큰 효과를 올릴 수 있겠다.

1962년 8월 11일 토요일

학교에서 위안회가 있었다.

퍽 반가웠다.

그러나 여기 이런 자리일수록 군기를 더욱 엄숙히 할 필요가 있겠다.

1962년 8월 12일 일요일

봉동으로 세탁을 갔다. 물이 좋았다.

목욕 후 불미스러운 일이 있었다.

마을에 가서 늦게 온 후보생을 찾는데 나오질 않아 퍽 많은 시간이 지났다.

자기가 한 일에 대해선 자기가 책임지고 자기가 상과 벌을 받아야 할 권리와 의무가 있어야겠다.

1962년 8월 13일 월요일

AR 사격술이다.

AR이 명중률이 퍽 좋았다. 75점 만점에 64점밖에 못 받았지만 잘 맞은 편이었다. 이동 주보에서 점심시간에 수박 한 쪽 사먹고 구대장님께 발각되어 주의를 듣고 반성문을 제출했다.

점심 먹고 1km 이상 되는 곳을 뛰었고, 저녁에 우리로 인해서 특성훈련을 받았다.

앞으로는 이런 일이 없어야겠다.

1962년 8월 14일 화요일

올바른 자기 이성을 갖고 판단해서 언제나 어디서나 행동할 수 있고 그렇게 할 줄 안다면 좋겠다.

어리뻥하니 또는 자기의 이성의 판단을 할 사이도 없이 그것을 박탈당한다면 슬픈 일이겠는데, 이건 남에게 빼앗기는 게 아니고 자기가 스스로 망실하는 것으로 여겨진다.

1962년 8월 15일 수요일

감격의 8 · 15다.

아아. 8 · 15! 중학교 시절 은사님의 말을 생각한다.

이날은 해병대 군악대가 와서 연주를 했다. 마이크 고장으로 몇 시간 기다렸다. 일종의 특수 훈련이었다.

1962년 8월 16일 목요일

M1의 시험이 있었다.

2시간의 시험이었다.

차로 나가서 carbine사격이었다.

이건 비교적 잘 맞았다.

1등 사수 100점 만점에 기점이었다.

M1 잘 쏘았더라면 충분히 할 수 있었겠다.

1962년 8월 17일 금요일

오전에 두 시간에 걸쳐서 권총 사격술 교육을 받았다. 5발의 권총을 L표적에 쏘았으나 15점밖에 맞지 않았다.

다음 박격포 훈련을 받았다.

퍽 재미있었다.

1962년 8월 18일 토요일

LMG 조총 훈련 3시간, 1시간 예비시간이었고, 오후에 자대 위안회가 있었다.

모두들 재미있게 놀 수 있을 듯도 하였다. 아마 재미스럽게 논 것 같다.

놀 수 있고, 일할 수 있고, 즉 할 때 하고 놀 때

논다.

유쾌히, 즐거히, 열심히 일할 줄 아는 사람.

끈질끈질한 성격을 버려야 하겠다고 여겨진다.

1962년 8월 19일 일요일

M1 재사격을 하였다.

어제 저녁에 8㎞ 이상 되는 곳을 완전무장을 하고 구보를 했다. 처음에 생각하기는 배낭만 둘러메어도 쓰러질 것 같았는데 뛰어갈수록 견딜 만한 것 같았다. 후에는 악을 쓰고 뛰었다.

최후까지 어찌 뛰는지도 모를 정도로 뛰었다.

그런데 이상하게도 후문에 들어서 9735부대 정문을 지나고 대대 연병장에 들어와서 집합할 때까지가 어찌 그리도 지루하였는지 모른다. 짐을 풀고 쉬니 퍽 후련했다.

1962년 8월 20일 월요일

박격포 포수 훈련을 R연병장에서 실습했고 6w-3

교장에서 강의를 받았다.

어제 저녁에는 4학년생들의 점호를 받았다.

내무 검렬 이상의 점호였다.

어찌 그런지 모르지만 '군인의 길'이나 '혁명 공약'을 평소에는 외우고 있는데도 막상 지적받고 외우려고 하면 쉽게 머리에 떠오르지 않으니 어쩐 일이냐?

아마도 정신을 차리지 못하니 그렇겠지.

호랑이 열두 번 물려가도 정신을 차리면 산다고 했듯 무엇이든지 정신을 차리고 정확히 할 줄 아는 사람이 되어야겠다.

1962년 8월 21일 화요일

AR 시험이 첫 시간에 있었다.

후에 이어 초포에 가서 박격포사격술 훈련을 받았다. 81㎜, 60㎜ 탄 100발을 갖고 가서 했다.

군인과 개성 이것 정말 어떻게 될까? 대동단결 밑에선 개성을 죽여야 한다고. 그러나 개성이 전연 없어 창의력이 없다면 안 되겠다.

1962년 8월 22일 수요일

첫 시간에 Carbine시험을 치렀다.

의외의 기재형이 나왔다. 여하튼 빼놓지 말고 공부를 빈틈없이 해야겠다는 것을 느꼈다. 후에 LMG 사격술 예비훈련에서 사격전 시험 단계를 마쳤다.

오후는 장애물 교장에서 장애물 교육을 받았다. 평소에 운동을 안 한 탓으로 몸이 단련되지 않은 나로서는 퍽 힘드는 것이었다.

앞으로는 더 많은 운동을 하여 몸 단련에 힘써야겠다.

1962년 8월 23일 목요일

오늘은 KD사격장에서 LMG 500″ 제7~8표 사격을 하였다. 재미있게 들어맞다가도 전륜기를 움직이면 그 후엔 엉뚱히 맞기도 하였다.

수석 고문관의 시찰 때문만은 아니겠지만 퍽 많

이 긴장하여 절도 있게 했다고 본다.

모든 후보생들도 아마 전부 그렇게 한 것 같았다.

오후에는 꽤 시원한 교장에서 강의를 받았다. 얼마 안 남은 이 기간을 잘 지내자.

1962년 8월 24일 금요일

LMG 사격기술 훈련이었다.

차를 타고 초포로 학과 출장을 하였다.

산으로 올라가면서 3학년 야영 훈련의 교육이 이것으로 끝난다고 생각하니 퍽 섭섭하다. 우의를 입고 비를 맞아가며 교육을 받아도 졸음이 오는 것은 아마 군인들의 사회가 아니면 없는 일일 것 같다.

수양록(修養錄) · Ⅱ

— 제2기 R.O.T.C – 병영훈련기(兵營訓鍊記)

1963년 7월 29일 월요일

9시에 입소식이 있었다. 완전 군장을 꾸리고 사단 연병장에서 식을 거행했다. 많은 축하객들이 반가웠다. 불행히도 4학년 후보생 중에 쓰러진 후보생이 있어서 좀 섭섭했다. 할 수 없는 일이었으나 3학년 후배들 앞에서, 이런 점들을 생각하면 좀 부끄러웠을 것이다.

오후는 분대 사격 기술과 통신 보안에 대해서 각각 두 시간씩 교육이 있었다. 저녁에는 우리 내무반 단결된 모습이 좋았다.

1963년 7월 30일 화요일

예비 시간에 집총 훈련이 있었다.

꽂아칼 자세를 잊어서 우물우물하였다.

앞으로 모든 상태를 잘 보아서 철저히 해야겠다.

특히 우리 분열의 훈련 상태는 우리의 평가가 되는 것이니 우리가 잘해야 할 것이다.

모두 정신들을 차렸다면 좋을 것인데 그렇지 못한 후보생이 하나라도 끼어 있으니 걱정이다.

1963년 7월 31일 수요일

특성 훈련.

사단 정문을 지나서 돌아왔다.

전우애!

쓰러지려는 전우의 총을 메고 전우를 어깨에 끼고.

그리고 쓰러져도 뛰는 정신.

이 모든 것들은 군인들이 배워야 하는 것이고, 사람은 누구나 그런 정신이 있어야겠다. 남을 위해서 무엇을 해보자는 것이 중요하다.

1963년 8월 1일 목요일

오늘은 야전 특성 교육이 있었다.

개인 엄체호, 2인용 엄체호를 구축하는 실습을 하였다. 6시간 동안의 교육에서 L.M.G 및 공용화기 엄체호도 구축하는 퍽 어려운 교육이었고 꼭 협동이 필요했다.

4명 1개조, 8명 1개조가 공용 파기 엄체호를 했다. 끝나고 나서 제2 수정단계의 훈련을 받기 위해서 차를 타고 갔는데도 늦었다.

귀대 시 구대장님의 지휘를 우리 자체에 맡기니 모두 할 의욕이 생겨서 잘하게 되었다.

1963년 8월 2일 금요일

경계, 야간 각개 훈련을 했다.

분대 사격술 시험이 있었다.

자발적으로 맡겨놓고 감시를 하는데, 더욱 잘해

야겠다는 생각뿐이었다.

우리는 저 『논어』의 가르침처럼 안 보이는 데서 하는 짓이 무엇보다도 제일 잘 드러난다는 교훈이 절실했다. 꼭 혼자 안 보일 때에 잘해야겠다. 간섭을 받기 전에 잘한다는 것이 중요하다.

1963년 8월 3일 토요일

98 AH에 가서 신체검사를 받았다.

나 자신이 허약하다고 느껴져서 특별히 검진을 받았다. 비록 몸은 약하나 진단 결과는 양호했다.

그러한 진단을 받고 나니 마음이 놓였다. 내 건강에 대해서 퍽 우려했으나 그런 진단을 받고난 뒤로는 자신이 생겼다.

마음의 준비 즉 정신이 얼마나 많이 작용하는가 하는 것을 절실히 느꼈다.

1963년 8월 4일 일요일

일석 조점호 시 분열 연습, 아침 식사 전이어서

퍽 힘들었다. 역시 모든 것은 활동제가 들어가야 하는 것. 기름 안 치고 기계를 돌리면 기계는 제 능력을 발휘 못하고 망가지고 마는 것. 역시 효과가 없었다.

앞으로 부하 통솔에서 유의할 점이라 생각했다.

그리고 통솔, 지휘하는 데도 잔소리는 금물이고 인간 대 인간의 위치에서 서로 대할 것이 역시 절실히 요구되며 특히 인간적 · 인격적으로 대할 것이 요구된다. 우리 한국군에서도 욕설과 매질을 않고도 지휘할 수 있으면 좋겠고 반드시 거기까지 가야 할 것이다.

1963년 8월 5일 월요일

공격 시 소총분대 사격술 훈련이 있었다.

오후 학과 중 비가 내렸다. 그렇게 찌는 듯 덥다가 비가 내리니 무척 시원했다. 비가 계속 쏟아져 내리고 옷이 흠뻑 젖으니 몸이 오싹오싹 떨리고 추웠다. 모든 것이 그런 것.

올 때 구보를 했다. 불명예스럽게도 뒤에 쳐져서 오다가 뛰었다. 뒤에 쳐져 차를 타라는 것을 조금 타고 오다가 내려서 뛰었다. 더 이상 탈 수 없었다. 우리의 명예. 다른 전우들 앞에 그 모양을 보일 수 없었기에 내려서 늦게나마 뛰었다. 부끄럽기 이를 데 없었다.

수양록 기재 불량을 맞았다. 잘 써서 그런 일이 반복되지 않도록 앞으로 계속 노력을 경주해야겠다. 언제나 기재를 바삐 했고 본래 글씨를 빨리 쓰는 성질에 필체가 나쁜 나지만 한번 잘 써보기로 마음먹었다.

벼는 익으면 목을 숙인다고 한다. 그 말이 맞다.

벼는 익으면 숙지, 분명 목이 숙는 것이다.

숙여야지 안 숙이면 그건 쭉정이, 곧 쌀이 안 든 것이다.

끝까지 뻣뻣한 것이다.

1963년 8월 6일 화요일

오늘은 오전에 침투 훈련 네 시간이 있었다. 100yas를 제1 포복으로 돌진하는 것이다. 무척 어려운 훈련이었다.

머리 위로는 기관총탄이 날고, 옆에서는 포탄(TNT)이 쾅 터지며 통제관의 말은 잘 들리지 않는 가운데 낮은 자세로 기어서 돌격선까지 가서 대검을 꽂고 수류탄을 투척. 돌격해서 총검술을 하고 상황이 끝났다.

이걸 두 번 거듭하고 나니 퍽 고되기도 했다. 정말 실전과 같은 훈련이었다. 훈련받는 것 같은 훈련을 받았다. 한미 합동교육시찰이 있어서 더 잘했다.

오후에는 분대공격을 다시 했다. 비가 와서 초포도로 이쪽까지 강행군을 했다.

늦게야 내무반에 도착했다.

1963년 8월 7일 수요일

오늘은 정찰을 실시하는 교육을 받았다. 차량으로 병력을 이동하는데 퍽 고통스러웠다. 이것도 교육이요 단련이라는 생각이 들었다. 약간 늦게서야 교장에 도착했다.

정찰(전투정찰) 실습에서 시간에 늦어 구보를 실시할 정도였지만 도착시간 내에 도착하지 못했으나 그래도 우리 조가 제일 먼저 도착한 편이었다.

아침부터 구대장님(제1 구대장)의 주의를 많이 받았다. 내가 생각해도 주의받아야 할 일들이 많았다. 교육을 맡고 있는 구대장님의 입장에서는 그냥 보고 넘길 수 없었을 것이다.

사실 교육자라면 언행, 복장, 태도 등 모든 면에서 주의를 기울여야 할 것이고 실제 사회에서도 교육자는 그 걸음걸이까지도 제자들이 본뜬다 하지 않는가. 일본의 '內村'이라는 사람의 제자들이 스승의 모든 것을 본떴다 한다.

그러나 교육자도, 피교육자도 모두 인간들이라

는 점에서 보면 그 본질에서 어긋나는 상사도 더러 있다. 구대장님으로부터 많은 주의를 받고 난 후보생들은 구대장님의 명찰이 왼쪽에 붙어 있다는, 그것이 한 번이 아니고 세 번이나 된다는 말을 했다. 명찰이 왼쪽으로 오른쪽으로 왔다 갔다 한다는 것이었다. 사람(후보생)들은 남의 그런 점들은 잘 끄집어내는 성향이 있나 보았다. 이것도 자기 수양을 쌓아서 덮어 줄 수 있는 사람이 되고 그런 점들을 거울 삼아 자신은 그런 일이 없도록 해야겠다.

삼인동행, 필유아사(三人同行, 必有我師)라는 말이 있다. '세 사람이 같이 길을 가면 반드시 나의 스승이 있다.'는 말이다. 곧 잘하는 친구는 좋은 점을 보며 배우고, 못된 사람의 행동은 본받지 말아야 한다는 말이다.

1963년 8월 8일 목요일

오늘은 오전 각개 전술에 대한 시험이 있었다. 공부를 철저히 하지 못한 표가 났다. 한 시간 후

오전 내내 예비 시간이었다. 병기 수입 기타 장비 수입을 했다. 자기의 장비는 자기가 정비해야 하는 것은 당연한 일인데 퍽 괴롭게 여겨지는 수가 많다. 이런 면을 우리는 닦아야 하겠다.

야간 교육시간에 여러 가지 주의를 받았다. 내가 생각해도 그러한 주의를 받게 되어 있었다. 사실 사람이 사람을 다루는 문제는 퍽 어렵다. 꽉 쥐어 짠다고 되는 것도 아니고 놓아 준대서 되는 것도 아닌 성싶다. 요컨대 하려고 하는 노력, 의욕, 학습 동기 유발(motivation)을 어떻게 하면 생겨나고 길러질 것인가? 하는 것들이 특히 교육에서 문제되는 것으로 특히 군대 교육에서 더욱 절실히 느꼈다. 지휘자(관)가 되어서 교육을 시킬 때 이 점을 잘 길러야 되겠다.

1963년 8월 9일 금요일

각자 완전군장을 꾸려가지고 학과 출장을 하였다. 승차를 한 후 차 중의 모든 일들은 어려움이 많았다. 산기슭을 달릴 때에는 임관 이후의 여러 상황을 연상할 수 있었다. 사람들은 모든 것을 실제 경험해야 하는 것이니 훈련을 달게 받아야 한다는 생각이 들었다.

역시 수양록 기재 태만이라 해서 벌점 2점이 나왔다. 이 태만이라는 말은 양을 적게 썼다는 것인지, 글씨가 나쁘다는 것인지 이유는 모르겠다. 역시 수양록이라면 내용이 문제이겠다.

오늘은 분대 방어 교육에서 A조가 B조보다 잘한다는 평을 교관으로부터 받았다. 처음 일이었다. 계속 그럴 수 있어야 되겠다. 비단 남이 잘한다고 칭찬을 해주니 잘하자는 것이 아니고 스스로 잘할 수 있는 단계에까지 이르러야 될 줄 믿는다.

내일이면 학교에서 위안회가 있다고 한다. 특히 그런 상황, 다시 말하면 해이해지기 쉽고 간섭을 잘하지 않는 그러한 상황하에서 유감없이 잘할 수 있는 군인(인간)이 되어야 할 것이다.

단체생활에서 잡담(필요 이외의 말)을 안 하고

침묵을 지키는 수양도 지극히 어렵고 중요한 것이겠다. 특히 군인들의 세계에서 흔히 있을 수 있는 욕설들을 하지 않고 좋은 말씨를 사용하는 군인이 되어야 하겠고 그러기 위해서는 많은 수양이 필요하겠다. 군인들은 모두 그 단계에까지 도달해야만 되겠다.

1963년 8월 10일 토요일

오후에 위안회가 있었다. 군인은 언제나 군인다운 행동이 뒤따라야 하겠다. 군인 정신 곧 사람의 정신은 언제, 어디서나 통일되게 잘 되어져 있어야 되겠다.

특히 오늘 같은 날 우리 후보생들은 마음이 풀어지기 쉽다. 모든 것이 원만히 끝났다고 생각된다. 언제나 이렇게 해 주었으면 한다.

일석점호 시 상의를 벗었다가 입는 행동에서 하의 속으로 밀어넣게 되는 상의의 단추를 잠그지 않고 넣은 후보생들이 있어서 주의를 받았다. 이러한 일 하나가 중요한 것이었다. 안 보는 데서 잘해야 함은 말할 것도 없고 모두가 그렇게 되도록 수양을 쌓아야 되겠다.

1963년 8월 11일 일요일

면회일이어서 많은 민간인들이 찾아들었다. 모든 후보생들은 각자 면회객들과 만나서 기뻐하는 모습들을 볼 수 있었는데 사실 이 면회는 어떤 면에서는 별로 환영할 것은 되지 못한다는 생각이 들었다. 면회를 오지 않은 후보생들은 별 기쁨이 없으리라고 여겨지며 때로는 마음까지 상할 염려가 있다.

주위가 어지러워져도 자기는 언제나 자기로서 남아 자기의 위치는 확고부동하게 지켜야 되겠고, 그래야 어지러운 사회에서도 그 어지러움에 휩쓸리지 않을 것이며, 전장에서도 총탄 포탄을 무릅쓰고서라도 죽을 때까지 두려움 없이 싸울 수 있을 것이다. 이것이 모든 것을 이겨낼 수 있는 기초의 하나라고 믿어진다. 사면초가 상황에서도 자기 신조를

굽히지 않을 때 임무 수행을 할 수 있는 것이지 주위에 휩쓸려 버리면 어려우리라고 여긴다.

1963년 8월 12일 월요일

모든 것을 이겨나가는 것을 배워야 하겠다. 선착순 구보에는 따라 갈 수 없는 처지이고 보니 퍽 열등의식이 든다. 이것은 틀림없이 극기력이 없는 탓이라고 여겨진다. 이러한 것을 기르려면 무엇보다도 마음 곧 정신이 그만큼 갖춰져 있어야 한다. 앞으로 이러한 면을 특별히 길러야 하겠다. 장거리 구보도 역시 마찬가지다. 같은 처지에 있는 우리 후보생들인데 다른 사람들은 끝까지 뛰는데 나는 못 뛰는 일은 결코 없어야 되겠다.

1963년 8월 13일 화요일

몸이 몹시 괴로운 처지에 놓인 것은 오늘이 처음이다. 삼 주가 다 되도록 의무실에 한 번도 가지 않았는데 오늘은 아픔을 참지 못하고 의무실에 가고 말았다. 역시 마음의 자세가 아직도 덜 되어 있는 모양이다.

야간 방어 교육시간에 2구대의 어느 후보생의 탈선으로(자다가 늦게 도착) A조 전체가 책임을 지고 주의를 들었다. 특히 2구대는 더 주위를 듣게 되었는데 이것은 내가 생각해도 있을 수 없는 일이다. 앞으로는 이러한 일이 절대 없도록 해야 되겠고, 그러기 위해서는 무엇보다도 각자가 특별히 주의를 해야 되겠다. 그렇지 못한다면 우리는 인간 이하의 취급을 받아도 아무 말 못하고 그대로 달게 받을 수밖에 없다. 우리 값을 우리 스스로가 지키려면 탈선으로 인한 치욕적인 행위를 절대 하지 않아야 되겠다.

1963년 8월 14일 수요일

야간에 완전 소등을 하고 완전 군장을 하였다. 어둠 속에서도 손 갈 데는 다 갈 수 있었다. 그런데 몇 명의 미비자 곧 반합, 기타 몇 관물을 빼어놓고 나온 후보생이 있어서 구대장님(일직 장교)에게 주의를 받았다.

어둡다고 해서 철모를 벗어 놓고 화이바만 쓰고 나와서는 안 되겠다. 안 보이는 데서도 잘해야 되겠다. 다시 말하지만 모든 것은 스스로 잘할 수 있는 지점까지 도달해야 완전한 경지에 가까워지리라고 본다. 안 보이는 데서 하는 일이 더 잘 드러나고, 극히 작은 물체가 크게 나타날 수 있다. 즉 작은 것이 가장 크게 드러나고 숨은 것이 가장 잘 드러난다는 『논어』에 나오는 말이 기억이 난다.

앞으로 우리 후보생 각자는 이런 면을 깊이 생각해서 몸에 배게 하고 도의적인 면까지 완전한 경지에 가까워지도록 해야 되겠다.

앞에서 말한 그러한 일들이 이러한 바탕 아래에서는 나타날 수 없을 것이다.

1963년 8월 15일 목요일

광복절이다. 일조 점호 시 애국가를 특히 힘차게

불렀다.

오후의 자대 위안 오락회에서 있었던 일 중의 하나로 2중대 후보생이 노래가 끝난 후 꾸뻑 절을 하고 물러나는 것을 보았다. 훈련이 덜 된 탓이라고 볼 수 있겠다. 언제 어디서나 누구 앞에서나 틀림없이 군인다운 태도를 가질 때까지 훈련이 되어져야겠다. 언제나 자기의 행위에 대해서 책임은 져야 하지만 완전무결에 이른다는 것은 지극히 어려운 일이다. 여기까지 이르려면 많은 노력과 교육훈련이 필요하지만 자기의 마음 닦음 여하가 퍽 중요한 것으로 여겨진다. 모든 것이 여기까지 도달해야만 되겠다.

다시 말하고 싶은 것은 광복의 기쁨을 새로이 가져보자.

1963년 8월 16일 금요일

아침부터 후보생들 자치적으로 학과 출장. 돌아올 때는 비를 맞고 진땀을 흘리고 걸어왔지만 돌아

와서 중대 연병장에 집합해서 행군 중에 담배를 피웠다고 하는 내용의 주의를 받았다. 세 명이 나왔었다. 정말 있을 수 없는 일이다. 사람에게 선택의 자유, 행동의 자유 등이 있지만 행동의 기준, 제한을 받는 피교육자로 들어온 우리가 지켜야 할 사항을 어기게 되면 그 결과는 퍽 고통스럽고 치욕적인 것이 되는 것이다. 이것을 제대로 지키기만 한다면 퍽 유리한 입장이 되어 쾌감을 느낄 수 있을 것인데 우리는 불행하게도 치욕적인 결과를 가져오고 말았다. 오르막길 구부능선에서 미끄러진 것이다. 언제나 한둘 때문에 무너지고 만 예가 여러 차례가 되는데 특히 하나하나가 주의를 해서 근절시켜야 되겠다.

1963년 8월 17일 토요일

사열 및 분열 연습이 있었다. 여기에 대한 많은 연습이 필요했다. 돌아오는 길에 군기가 문란했기에 총검술을 비롯하여 제1, 제2 포복 등의 특성훈련이 있었다. 훈련 중 비양심적인 후보생이 있었다. 언제나 말하는 것이지만 양심을 속여서는 안 되겠다.

저녁에 불침번 교대를 하는데 착오가 나서 미뤄 나가는 일이 발생했다. 자기 개인이 말없이 맡은 일을 해주면 일이 깨끗이 끝날 것인데 그러한 책임감이 없으니 아직도 멀었다. 내가 생각하기에는 극도의 이기심이 발로되어 생겼는데 남을 위하는 곧 이타심이 부족하여 생긴 일이라고 본다. 정말 남을 위해서 무슨 일을 할 수 있을 때까지 이타심을 길러 나가야 되겠고 그것이 전체의 체질이 될 때까지 꾸준히 연마에 연마를 거듭해야 되겠다.

1963년 8월 18일 일요일

두 번째 맞은 면회일. 모두 반가운 표정들이다. 즐거울 것이다.

면회가 끝난 후에 들리는 이야기가 3학년에서 음주를 하고 쓰러졌다는 이야기다. 그럴 수가 있느냐 하는 표정들이다. 4학년도 안 될 일인데 3학년에서 그런 일이 있었다니, 모두들 우리 4학년들의 작년 이야기와 3학년을 어떻게 선도하는 것이 좋겠느냐는 이야기들이 구구하다. 그중 하나 '적당히 먹었다면 용서를 해줄 수 있으나 과음이란 용서할 수 없다.'는 것이다.

그래 4학년 후보생들이 끝 주에 잠을 안 자면서라도 정신을 차리도록 해주자는 이야기 등 여러 가지 이야기가 있었다. 무엇보다도 선도의 길은 약간의 체형도 필요하겠지만 마음의 다짐을 할 수 있는 선도의 길이 있지 않을까 하는 생각이다. 동기를 제공해주자. 즉 그런 일을 하지 않을 수 있는 동기를 유발시켜 주자는 것이다. 그러면 여기서 과음한 자에게는 반성의 기회를 충분히 주는 것이 선도의 길이 되지 않을까 하는 생각이 든다. 아무튼 이런 일은 없어야겠다.

1963년 8월 19일 월요일

언행에 대해서 생각해보자. 말은 그 사람의 생각한 바를 음성이라는 수단을 통해서 다른 사람에게 전달하는 것이다.

특히 여러 말 중에서 욕설에 대해서 생각해 보기로 한다. 툭 하면 욕이다. 늘 입에 상습으로 욕을 담고 있는 듯한 느낌이 들 때가 많다. 군대 사회에서의 욕설은 차마 입에 담을 수 없는 것들이다. 이것은 아무래도 조용한 기풍의 사회가 아니고 혈기왕성한 젊은이들의 사회이니 순간의 감정을 격렬히 표현하다가 보니 자기도 모르게 터져 나오리라 여긴다. 우리는 여기서부터 수양의 필요성을 느끼게 된다. 정결하고 고운 말을 하는 자는 고운 마음의 소유자일 것이다. 자기의 의사를 나타내는 데 왜 욕이라는 수단을 택해서 야비하게 표현하느냐는 말이다. 우리가 앞으로 교육을 맡는다면 특히 이런 점에 대해서 유의를 해야겠다.

1963년 8월 20일 화요일

도구라는 것이 얼마나 중요한 것인지 깨달았다. 볼펜 잉크가 떨어져서 실습시간에 다른 전우의 것을 빌려 쓰곤 했다. 필요한 도구를 갖추지 못하고 보면 자기의 일을 해나가는 데 얼마나 불편한가 하는 것을 알았다. 무엇 하나 빠진 것 없는 완전무결이라는 것이 얼마나 어려운 것인가는 말할 것도 없다. 하찮은 펜의 잉크만 떨어져도 못 견디게 아쉽고 괴로웠다. 사실 모든 것을 갖추고 나서 무슨 일에 나서도록 하여야 하겠다.

점호 후에 중대장님의 지시로 불을 끄고 자기 소총을 총가에 가서 들고 오는 훈련을 했는데 세 사람이 틀렸다. 평소에 정확한 위치를 익혀 밤이나 낮이나 찾을 수 있게 준비해 두어야겠다. 학습장 한 권 종이 한 장이라도 그 위치를 정확히 알아야 정확하고 성실한 내무 생활을 했다고 볼 수 있을 것이다. 모든 것이 완전히 될 때까지 평소에 충실하고 성실한 내무 생활을 해야겠다.

1963년 8월 21일 수요일

HLKF 위안 공연에서 제대 군인들이 하는 여러 가지의 일들을 보았다. 사람을 다루는 여러 가지 면의 연구와 공부가 필요하다고 여겨진다. 특히 각층의 부하를 거느릴 우리로서 절실하다고 본다. 공연 중에 하는 일도 가지각색이고 나오는 말도 가지각색이었다.

사과가 나왔다. 먹는 것은 좋은 것이면서도 다루기 힘든 것이다. 통제가 어려운 것으로 여겨진다.

사흘 굶으면 담을 안 넘는 사람이 없다는 속담이 있듯이 배고프면 체면도 무엇도 없는 것을 보았다. 먹는 것에 대해서 가장 참을성이 있게 이겨나갈 수 있는 힘을 길러야겠다.

3부

교육(教育)에 대한 단견(短見)

교육(教育)에 대한 단견(短見)

― 교육자(教育者)의 자세를 중심으로

교육이란 사람을 기르는 일이다. 곧 바람직한 행동을 할 수 있는 사람을 기르는 일이라고 생각한다. 바람직한 행동을 할 수 있는 사람을 기르려면 그 지도자(교사)는 어떤 모습이어야 할까? 오늘날 숱한 문제를 안고 있는 교육의 지도자 모습을 살펴보자. 비단 교육을 하는 사람뿐이겠는가마는 교육을 맡아서 하는 지도자를 중심으로 해서 생각하기로 한다.

지도자는 바람직한 행동을 하는 그런 모습을 가진 자라야 될 것인데, 이는 무엇보다 교육에 대한 철학이 있어야 되겠다. 궁극적인 교육철학의 바탕은 아무래도 진리추구(眞理追求)에 두어야 할 것이다. 처리(處理)의 기초도 또한 의(義)를 바탕에 깔고 있어야 될 것이다. 의롭되 공의(公義)로워야 될 줄 안다. 모든 가치 판단의 기준은 우선 공의에서 찾아야 할 것이다. 실교적(實敎的)인 차원에 그 가치판단의 기준을 생각할 수 있겠으나 거기까지가 아니라도 공의로운 가치판단이면 가능하다고 본다. 공의로우려면 우선 구체적으로 사심(私心), 내지 사리(私利)·사욕(私欲)을 버려야 한다고 생각한다. 공의로운 모습을 구체적으로 생각해보기로 한다.

첫째, 모든 언행이 숨김이 없어야 할 것이다. 가리움이 없어야 한다. 어떤 일을 하는 경우에도 떳떳이 공개적으로 처리할 수 있어야 한다. 가령 학교를 운영하는 학교장이나 교육에 종사하는 이사장 내지 경영 책임자, 교사에 이르기까지 모든 행동은 떳떳해야 한다. 학교 운영에서 경리 문제를 공개하지 못하는 현대 학교교육의 문제는 이런 점에서 근본적으로 잘못된 것으로 생각된다. 모든 금전출납을 공개적으로 처리할 수 없는 마당에 어떤 교육을 할 수 있다고 보는가?

둘째, 학생과 교사, 교사와 교장이나 운영자 내지 관계하는 모든 인원들 사이에는 언로(言路)가 열려 있어야 한다고 생각한다. 공명(公明) 공의롭고 정당한 일인데 말하기를 꺼려하거나 조심스러워한다면 올바른 교육이 이루어지고 있지 못하다고 본다. 물론 어느 한쪽이 옳다고 생각하는 것이 전적으로 언제나 옳다고 볼 수 없으니 진지한 토의와 연구가 계속 필요할 것이다. 그렇다면 모든 상황을 적나라하게 토의할 수 있는 분위기가 이루어져야 할 것이다. 만약 이것이 안 되고 어느 한 사람의 일방적인 의사로 모든 일이 매듭지어지거나, 옆에서 반론(反論)을 제기하지 못하는 분위기라면 참모습의 교육은 이루어지지 못할 것이다. 예컨대

학생들의 야간자율학습의 문제만 보아도 어느 일부, 물론 어떤 학부모들의 극성이나, 학교장의 공명심이나, 또 일부 학생을 위하는 경우들이 있을 것인데, 그런 부분부분에 이끌려서 옳은 일이 아니라고 생각하면서도 많은 학생들은 자기주장을 끝까지 펴지 못하고 만다.

셋째는 각자 자기 임무를 알고 충실해야 될 것이다. 자기가 맡은 일은 충실히 해낼 수 있어야 한다. 결코 자기가 할 일을 포기하거나 월권을 행사해서는 안 된다. 이사장은 이사장의 할 일이 있고, 교장은 교장의 일이 있을 것이며, 교사는 교사로서 할 일이 있다. 학생도 마찬가지라고 본다. 각자 자기 본분을 잘 지킬 때 교육이 공의롭게 진행될 것이다. 만에 하나라도 교사가 자기 권리의 일부나 전부를 포기한다면 노예나 다름이 없을 것이다. 이리저리 피동적으로 끌려다닌다면 그런 사람이 어떻게 공의로울 수 있으며, 공의롭지 못한 사람이 어떻게 교육을 할 수 있단 말인가? 또 이사장이란 위치에 있는 사람이 너무 적극적이고 열성이 지나쳐서 교장의 권리를 침범한다면 교장은 어떻게 학교를 책임질 것이며, 만에 하나 이사장의 눈치나 보는 경우가 된다면 어찌 공의로울 수 있으며 그러면 교육은 어찌 되겠는가? 자기의 위치를 바로 지킬 수 있어야겠다. 모두 자기 권리와 책임을 저버리지 않는다면 바로 공의로울 수 있을 것이다.

넷째, 옳은 일과 그른 일을 판단했을 때는 실천하거나 과감히 바로잡을 용기가 있어야겠다. 보고도 못 본 체, 듣고도 못 들은 체하는 용기 없는 군상(群像)들이 모여서 학교를 구성했다면 무슨 공의가 있을 것이며 어떻게 교육이 이루어지겠는가?

강요당하거나, 교사들은 옳다 그르다 말 한 마디 못하고 눈치나 보면서 복도나 왔다 갔다 하면서 시간만 채우고 돌려보내는 식의 교육이 어떤 장래를 가져올 것인가? 뿐만 아니라 모든 경영이나 어떤 학교의 일들이 결정지어질 때 모든 인원, 적어도 교직원들만의 의견들이 충분히 개진되고 수렴되어야 할 것이다. 일방적인 지시 일변도와 권위주의적인 운영으로 흐른다면 학교는 존재할 수 있을지 모르나 교육은 부재라고 생각한다. 교육부재의 학교 이것이 오늘의 한국의 현실이 아니겠는가? 특히 이 점에서 나는 항상 회의에 빠진다. 나 자신의 무력함을 한탄한다. 물론 어느 한 사람의 힘으로 될 일은 아니라고 생각하지만.

국공립학교에도 이런 문제가 일반이겠지만 대부분의 사립학교 설립자들을 생각할 때 안타깝기 이를 데 없다. 여러 모습으로 모은 재산으로 학교를 설립할 때는 교육을 하기 위해서일 것이다. 그런 가장 핵심적인 점을 망각하고 있는 듯한 느낌을 주는 것이 현재의 우리 실정이다. 재산을 증식하는 방법으로 학교를 세웠다는 말인가? 자기 명예를 위한 것인가? 명예를 얻고자 한다면 참모습의 학교를 세워서 그 학교에서 배출된 학생들로부터 추앙을 받는다면 그에서 더할 수 있겠는가?

며칠 전에 어느 신문을 통해서 고려대학교 박물관을 건립해준 고창 어느 할머님의 기사를 읽고 감동을 받았다. 그것도 돌아가신 몇십 년 뒤에야 고려대학 당국(박물관)에서 기억하여 기념비를 세운다는 것이다. 평생 번 돈을 아무 조건 없이 대학의 박물관을 건립하도록 내어 놓고 그분은 아무런 간섭 없이 여생을 살다가 학교와 관련 없이 돌아가셨다. 늦게야 기억을 한 학교에서 찾아서 기려준다니 얼마나 감격스러운 일인가?

여기에 비해서 오늘날 대부분의 사학 설립자들이 학생들로부터 존경은 그만두고 배척을 받는 경우는 웬일인가? 힘들여 모은 그 많은 재물을 바쳐서 세운 학교인데 왜 그럴까? 여기에 생각해보고 반성할 점들이 많다고 생각한다. 문제는 근본적으로 공의롭지 못한 데서 오는 결과라고 본다. 그런 교육부재의 학교를 왜 세웠다는 말인가?

물론 그 나름대로 가치와 필요도 있기는 하겠지

만 바람직하지는 못한데 어찌해야 되겠는가? 지금이라도 모든 문제를 가슴을 열고 진지하게 토의해서 바로잡아야 되지 않겠는가?

다섯째, 서로 사랑하는 마음이 있어야겠다. 일을 처리하다 보면 자의든 타의든 간에 잘못을 범할 수 있을 것이다. 공의로운 일을 하다가 잘못에 빠질 수도 있을 것이다. 그것을 발견했을 때 사랑으로 감싸서 지적해주고 사랑이 깃든 충고로 고쳐 나갈 수 있다면 얼마나 바람직한 모습이겠는가? 잘못을 지적하면 솔직히 시인하고 바로잡을 수 있는 솔직함과 사랑이 서로 깃들어 있다면 정말 바람직한 모습일 것이다.

이외에도 많은 문제들이 있겠으나 위에서 말한 다섯 가지의 모습을 지닌 공의로운 상(像)을 지닌 교육자가 주축이 되어 교육할 때에 적어도 학교교육은 성공할 수 있을 것이라고 믿는다. 학교교육이 성공하면 사회의 많은 문제나 정치, 경제 등 모든 문제들도 공의가 바탕이 되어 적어도 악순환은 계속되지 않을 것이다.

참으로 공의로운 교육자의 모습으로 우리의 학교교육을 이끌어 갈 때를 빨리 앞당겨야겠다.

하얀 캔버스의 설계

—새 학기의 설계

하얀 캔버스는 무한한 가능성이 있어서 좋다. 추상도 구상도 아닌 하얀 캔버스이기에 좋은 것이다. 골동상이나 재벌들이 거들떠보지도 않는 것이 하얀 캔버스이다.

다만 그림을 그리고자 하는 사람들이나 관심을 가지고 찾을 것이다. 하얀 캔버스는 물론 값도 비싸지 않다. 모양이 좋거나 무슨 특별한 의도도 없다. 순수히 제 모습 하얀 캔버스인 대로 화가를 기다릴 따름이다. 유명 · 무명의 모든 화가를 가리지도 않는다.

학기 초, 가을의 문턱 9월은 하얀 캔버스의 계절

이다. 아무 그림도 그려져 있지 않은 하얀 캔버스이다. 이 캔버스에 2학기의 그림을 그려보자. 지난 학기까지 다하지 못한 안타깝고 아쉬운 것들을 찾아서 그려 넣자. 학업을 위한 구체적인 계획이나, 한 주에 한 권 이상의 교양 도서, 평생 찾고 존경할 스승의 상이나, 같이 대화를 나눌 벗을 그려보자. 그리다가 말거나, 낙서투성이로 만들지 말고, 내용이 알차고 다양한 아름다운 그림을 그려보자. 영원히 간직하고 싶은 내용의 그림을 그려보자는 것이다. 아무도 대신 그려줄 수 없는 내 그림을 그려보자.

학창 시절은 무한한 가능성을 가진 하얀 캔버스의 시절이다. 우리의 신분, 학생은 무한한 가능성을 지닌 캔버스이다. 기성품이 아닌 그냥 하얀 캔버스이다. 이 캔버스에 자화상을 그리자. 꾸밈이 없는 자화상을 그리자. 강자의 모습을 그려도 좋으나, 민간 항공기를 격추시키고 시치미떼는 파렴치한이나, 너무 강해서 무슨 일을 해야 할는지 모르는 무분별한 강자, 네 것도 내 것, 내 것은 물론 내 것인 놀부형의 강자, 모두 죽여라, 모두 부셔라, 나보다 약하지만 앞으로 강해질지 모르는 자를 다 두들겨라 하는 그런 비열하고 못된 강자는 우리 캔버스에 담지 말자.

약자의 모습이래도 좋으나, 숨김이 없는 자기의 모습을 그려보자. 눈이 하나면 하나를 그리고, 안경을 썼으면 그대로, 손가락이 한두 개 모자라거나 남더라도 숨기지 말고 그대로 그려보자. 다른 사람들은 모두 버리고 관심조차 없는 것에도 관심을 가져보고, 너무나 현실에 얽매이지 않고 푸른 하늘과 흰 구름을 응시하는 나의 모습을 그려보자. 하얀 캔버스에 진지한 모습을 가진 그림을 그려보자.

우석대학의 현재는 역시 하얀 캔버스의 계절이다. 이 무한한 가능성을 가진 캔버스에 멋진 그림을 그려보자. 우선 큰 바위로 단단하게 터를 눌러라. 척박한 터를 걸게 하고 실력 · 신념 · 봉사의 나무를 심고 사랑의 단비를 내리게 하여 무럭무럭 자라게 하자. 양지바른 언덕에 집도 짓고 우물도 파고 살 자리를 마련하고, 길도 낼 것이며, 막힌 곳을 뚫어 부족함이 없는 정연한 그림을 그려보자.

적어도 이 동산은 사필귀정, 정의가 행사되는 곳, 진실이 통하는 곳이어야 되겠다. 콩 심으면 콩이 나고 팥 심으면 팥이 나는 동산을 그려 놓고 콩은 콩이라 하고 팥은 팥이라고 하자. 나무는 꽃 피우고 열매 맺히며 새는 깃들어 알을 품게 하자. 간교한 뱀의 혀는 잘라 버리고 독사의 이빨은 빼어 버리자. 머리 맞대고 진리를 탐구하고 손을 맞잡고 환희의 노래를 부르는 동산을 그리자.

심금을 울려라, 돌, 바위도 울려라, 우석 동산에서.

하얀 캔버스에 우리 모두 멋진 그림을 그려보자.

어디에 던지고 어떻게 쳐야 할 것인가

― 학원 자율화와 학생 자세

봄과 함께 대학가에 자율화의 물결이 일고 있다. 이에 즈음하여 학생의 자세에 대하여 생각해 보기로 한다. 여러 면에서 살필 수 있겠으나 두 가지 이야기를 들어 극히 부분적인 면을 생각하기로 한다.

첫째, 하나의 운동 경기, 예를 들어 야구를 생각하자. 물론 조작이 예상되고 무슨 이해타산에 집착하는 듯한 프로야구가 아닌 순수한 입장에서 경기를 펼친다고 생각되는 고등학교 정도의 아마추어 야구 경기를 이야기하자. 팽팽한 맞수로 영의 행진이 계속되다가 P팀 4번 타자의 홈런 한 방에 1:0인가운데 P팀이 마지막 수비에 들어갔다. 투아웃에 만루, 상대 K팀의 강타자 4번 등장, P팀의 에이스와의 숨막히는 최후의 대결, 안타 한 방이면 역전! 아니면 패퇴! 물론 심판진이나 감독, 선수들은 모두 정정당당하다.

관중들도 흥분의 도가니에 빠졌으나 냉철하다. 규칙도 물론 공평하다. 이 경우 타자나 투수는 감독의 지시에 따라서 최선을 다하는 길밖에 다른 도리가 없을 것이다. 여기에서 너무 승부에 집착한 나머지 규칙에 벗어나는 행동을 하면 경기는 끝나고 말 것이다. 순수한 상태에서 최선을 다한 뒤 경기가 끝나면 관중들은 승자나 패자 모두에게 갈채를 보낼 것이다. 선수들이 뛰고 던지고 치고 받는 것은 자유롭고 거침없이 하되 규칙의 한계를 벗어날 수 없는 것이고, 감독의 지시를 무시할 수 없을 것이다.

학원의 자율화에 있어서 학생들의 자세도 학생이라는 신분의 한계가 있을 것이다. 어떤 규정이 있을 것이다. 그걸 벗어나면 경기는 지고, 지나치면 경기를 몰수당하고 말 것이다. 어디에 던지고 어떻게 쳐야 할 것인가?

둘째, '魍魎見蟾而哭(망량견섬이곡)'이라는 말을 생각한다. '도깨비가 두꺼비를 앞에 놓고 통곡을 한다.'는 말이다. 도깨비에게 가장 맛있는 것은 두꺼비라고 한다. 도깨비는 그 맛을 잘 안다. 하지만 먹기만 하면 곧 죽는다는 것도 잘 안다. 그러기에 앞에 놓고 먹을 수도 없고, 먹고는 싶고, 해서 통곡을 한다. 입맛이 당기는 대로 먹고 몸을 죽여야 하는가? 아니면 참아야 할 것인가? 괴로운 일이다. 그래서 도깨비는 통곡을 했다고 한다. 먹고 싶어도 참을 수밖에. 가려서 먹어야 할 것이다. 분별없이 먹고 싶은 대로 먹으면 파멸이 올 것이기 때문이다.

우리는 두 이야기를 통해서 학원의 자율화와 학생의 자세에 대한 극히 제한된 부분을 제시했다. 순수하고 정당한 제도하에서 자유롭게 민주화 내지 자율화를 추진하되 학생의 신분이라는 한계를 벗어나지 말아야 하고, 자유롭게 활동하되 무슨 일을 처리함에 있어 인내심을 가지고 선별, 자중해서 합리적으로 해야 한다. 감독과 심판은 감독과 심판의 자세를, 타자와 투수 · 야수는 그들대로의 올바른 자세를 가져야 경기가 잘 마무리될 것이다.

끝으로 『史記列傳(사기열전)』에 나오는 「仲尼弟子列傳(중니제자열전)」의 한 대화를 인용하고 글을 마치기로 한다.

孔子(공자)의 弟子(제자) 冉求(염구)가 공자에게 "의로운 말이라면 들은 대로 이것을 실행해도 좋습니까?" 하고 물었다.

"좋구 말구! 실행해야지."라고 대답했다.

그러나 子路(자로)가 "의로운 말이면 들은 대로 이것을 실행해도 좋습니까?"라고 물었을 때에는 "부형이 있지 않은가? 어찌 제 마음대로 이것을 실행해서 좋겠는가?"라고 대답했다. 子萃(자취)가 이상하게 여겨 "질문이 똑같은데 대답이 다른 것은 무슨 이유입니까?"라고 물으니 공자가 이렇게 설명했다. "求(구)는 헤물러서 실행하라고 격려했다. 由(유)－子路(자로)는 그 용기가 보통 이상이므로 눌러 놓았다."

대학생활과 서클활동 · 1

서클에 참여한 학생들이면 누구나 한 번쯤 생각하게 되는 문제인 대학생활과 서클활동에 대하여 다시 한 번 검토하려 한다.

서클활동이란 우선 만남이라고 생각한다. 물론 뜻있는 만남이겠다. 만남에는 여러 가지 장단점이 있겠으나 긍정적인 측면을 살피기로 한다. 돌들의 만남은 성곽과 제방이 된다. 하나의 돌보다 많은 돌들이 모인 제방은 홍수 피해를 방지함은 물론이고, 다목적 댐을 건설하여 발전과 상수도원, 농업용수 등 실로 큰 힘이 되고 그 기여하는 바도 무척 크다. 또 꽃들의 만남은 아름다운 화원을 형성한다.

서클은 뜻이 맞는 좋은 사람들의 모임이다. 아름다움이나 힘이 어찌 돌이나 꽃들과 비교할 수 있겠는가? 무한한 잠재력을 가졌다. 이런 면에서 서클활동은 보람이 있고 필요하다고 생각한다.

그러면 학업에 열중하면서 어느 시간을 내어서 할 것인가? 물론 본분인 학업을 뒤로하고 서클활동에만 전념할 수는 없다. 농부를 생각해 본다.

이른 봄 농사가 시작되면 농촌은 바쁘다. 논을 갈고 씨를 뿌리고 모도 심을 것이며 김도 매야 한다. 본업인 주곡 생산을 위해서 온갖 노력을 다한다. 새벽에 들에 나가 어두워져야 집으로 돌아온다. 일이 고되고 할 일은 많으니 시간만 나면 휴식이 필요하다. 그런데도 들에 나가기 전, 나갔다가 돌아오는 길에 울밑에 심은 박이나 호박을 돌본다. 거름도 주고 순도 집어 준다. 벌레도 잡아주고 풀도 뽑아서 곡식이 잘 자라게 한다. 그뿐인가? 장독대 부근에 맨드라미, 봉숭아도 심고 마당 한구석에는 몇 포기의 꽃을 가꾼다. 그걸 돌본다는 이유로 주곡을 생산하기 위한 큰 일을 소홀히하거나 망치게 하는 일은 없다.

이 농부의 모습에서 우리는 우리의 모습을 찾을 수 있을 것으로 생각한다. 본업인 주곡만 잘 생산하면 물론 자기에게 주어진 책임은 완수한 것이다. 그렇다고 농촌의 울타리에 호박이나 박의 넝쿨이 하나도 없다거나 장독대나 마당 한구석에 꽃 한 포기 심지 않았다고 생각해보자. 얼마나 삭막하며 얼마나 각박하겠는가? 그건 결코 무슨 달콤한 낭만이 아니다. 농민들의 생활에 있어서 필요한 부분이라고 생각한다. 주곡 생산을 위해서 최선을 다하고 짬을 내어서 돌보는 것이다. 아무리 바쁜 농부라고 해도 그럴 만한 여유는 있어야 하고 있으리라고 생각한다.

서클활동을 다시 생각해 보기로 한다. 농부들의 주곡 생산을 위한 힘찬 노력과 같이 학생들도 본분인 학업에 총력을 기울여야 될 것이다. 하지만 주

말이나 방학 등을 이용하여 우리 마음의 한구석에 아름다운 화원을 형성해야 하지 않겠는가? 농부들이 꽃 한 포기를 기르는 것보다 더 많은 노력을 아끼지 말아야 할 것이다. 그리고 절실히 필요한 것이라고 생각한다.

그러면 서클활동을 통해서 무엇을 찾을 것인가? 새로운 서클활동을 통해서 봉사하는 정신을 배우고 몸소 실천하는 것을 익혀야 한다. 다른 사람을 위해서 내가 할 수 있는 봉사, 이것이 귀중한 것이다. 이 봉사를 통해서 이웃을 이해하고 사회를 배울 수도 있을 것이다. 또 학술세미나를 가지는 것으로 알고 있다. 좀 더 알차게 운영하여 참석한 모든 서클 회원들이 각자 자기의 역할을 확인하고 힘찬 발돋움을 할 수 있게 되기를 기대한다. 모임 속에서 나를 확인하고 알차게 가꿀 필요가 있다. 이런 의미에서 서클과 거기에 모인 모든 회원들에게 기대하는 바가 자못 크다.

대학생활과 서클활동 · 2

『뿌리』 제6집 발간을 축하하며 격려의 말을 다시 쓰게 된 것을 기쁘게 생각한다. 이 기회에 우석(又石) 호우 회원 여러분들과 같이 대학생활과 서클활동에 대한 것을 반성하고 생각하여 보기로 한다.

지금 밖에는 겨울비가 봄비처럼 부슬부슬 내리고 있다. 입춘(立春)이 지나 이제 봄기운이 대지에 스며드는 계절이 되는 모양이다. 날씨가 풀리면 움츠렸던 삼라만상이 긴 겨울잠에서 깨어날 것이다. 이 소생의 계절을 맞아 많은 것을 생각하게 된다.

'농자천하지대본(農者天下之大本)'이라 했다. 우선 농부는 농사를 위한 준비를 할 것이고, 머지않아 논갈이 밭갈이 곧 주곡 생산을 위해서 주력할 것이다. 그러면서도 한편으로는 마당가나 화단에 꽃씨를 뿌리는 일도 잊지 않는다. 울타리 밑에 박과 호박을 심기도 할 것이다. 논밭에서 주곡이 자랄 때 정원에서는 아름다운 꽃이 피고 울타리에는 박과 호박이 주렁주렁 열린다. 주곡 생산을 위해서 온 힘을 기울이되 결코 꽃 한 포기 호박이나 박을 소홀히하지 않는다.

사람은 자기에게 주어진 주된 임무에만 매달려 살 수는 없다. 호박을 심어 부수적인 소득을 얻기도 해야 하고, 꽃을 심고 가꾸며 미적 체험도 해야 한다. 부수적인 소득은 생활에 활기를 넣어주는 촉진제가 될 것이며 미적 체험은 서정적 정서를 길러 살면서 겪어갈 모든 것을 보다 아름답게 보고 느낄 수 있게 할 것이다.

어떤 이는 학생은 강의실에서 강의 잘 받고 도서관에서 열심히 공부하면 그만이지 다른 데 정신을 분산하지 말아야 한다고 강변(强辯)할는지도 모른다. 그것은 편협한 생각이다. 공부는 공부를 위해서 하는 것이 아니라 바람직한 삶을 위해서 하는 것이라는 것을 잊어선 안 된다.

농사일에 쫓기고 시집살이에 여념이 없었던 우리네 할머님들도 장독대에 맨드라미와 봉숭아를 몇 포기씩 심었다. 우리도 우리의 마음 한구석에 이 꽃 몇 포기를 심어야 하지 않겠는가? 꽃과 호박을 심었으면 아침저녁 틈나는 대로 보살펴야 될 것이다. 정성과 사랑으로 보살피면 아름다운 꽃과 열매를 얻을 것으로 믿는다.

지금도 밖에는 겨울 봄비가 부슬부슬 내리고 있다.

마침 교회의 종소리도 들려온다.

방언조사(方言調査) 일화(逸話)

국어연구에 있어서 방언(方言)의 조사 연구는 여러 차례 강조되어도 무리가 아닌 듯하다. 국어학계(國語學界)에서는 거의 반세기 동안 꾸준히 방언을 조사하고 연구하였으나 아직 그 결실의 단계에 이르지 못한 듯하다. 더구나 남북(南北)이 분단되어서 북쪽은 손이 미치지 못할 뿐 아니라 가능한 남한지역에 대해서도 아직 미진한 상태이다. 적어도 각 군 단위의 소구역으로 나누어서 방언을 조사하고 연구 정리하려면 아직도 요원한 상태이다. 그래서 국어학을 전공하는 많은 인원들이 여기에 참여하고 있으나 워낙 광범위하고 현지를 직접 답사

해야 하는 여건, 시간과 거기에 따르는 경비 등으로 퍽 많은 어려움들이 도사리고 있음은 널리 알려진 사실이다.

이런 작업을 위해서 1974년도부터 필자도 방언조사에 참가하여 몇 군을 답사한 바가 있으나 항시 시간에 쫓기고 경비 마련에도 고심을 해야 하는 형편이었는데, 아산사회복지사업재단(峨山社會福祉事業財團)의 지원을 얻어 활기찬 방언조사를 하게 되었다. 한 해 두 해에 끝날 성질의 것도 아니어서 이러한 후원을 받아 지속적으로 조사 연구를 할 수 있다면 바람직한 결실을 얻을 수 있을 것으로 믿는다.

방언조사를 해본 사람은 알 수 있는 일이겠으나 현지에 나가려면 여러 가지로 준비가 필요하다. 하루나 이틀이 아니고 적어도 3박 내지 5박 정도는 한 지역에서 묵어야 하는 작업이니 거기에 따른 준비가 필요한 것이다. 완전한 준비를 해 가지고 갔다고 하더라도 현지에 가면 또 다른 어려움들이 많이 따른다. 대개 벽지를 찾아가는 경우가 대부분이어서 교통편부터 불편하고 낯선 고장에 가서 현지 주민들 중에서 제보자(informant)를 설정하는 일들이 쉽지만은 않은 작업이다.

대체로 먼저 이장님을 찾아 농업에 종사하는 50세 이상인 비교적 현대 교육을 덜 받은 할아버지나 할머니 중에서 그 마을에 대를 이어 사는, 타지(他地)에 가서 살지 않은 분을 추천받아야 한다. 더불어 발음에 장애가 없고 이야기를 잘하는 분으로 시간을 내어 줄 수 있어야 된다. 이런 분이 그리 많지도 않을 뿐더러 만난다고 해도 며칠 동안 마음 트고 일방적인 질문에 응해주도록 하려면 많은 숨은 애로가 있고 아울러 많은 일화들이 있다. 여기에 숨은 이야기 몇 편을 간략히 소개하고자 한다.

충남 논산군 연무읍 고내리(忠南 論山郡 鍊武邑 高內里)에서 방언조사를 하던 때의 일이다. 70세가 넘은 할아버지를 모시고 3박 4일간 방언조사를 하는데 비가 계속 내리는 여름 장마철이었다. 원두막에서 빗소리를 들어가며 일문일답식으로 엮어갔는데, 가끔 수박, 참외를 따다가 주시면서 친절히 가르쳐 주신 일을 생각하면 그 흐뭇한 인정이 잊히지 않는다. 이런 인정이 어린 조사가 있는가 하면 엉뚱한 오해를 받는 경우도 있다.

전북 임실군 청웅면 양지리(全北 任實郡 靑雄面 陽地里)에 조사를 나갔을 때의 일이다. 마침 미문화원 방화사건(美文化院 放火事件)이 있은 뒤 전국적으로 방화범을 수배 중이었다. 큰 가방에, 전등, 녹음기, 우산, 조사목록, 책 몇 권, 카메라, 지도, 세면도구 등을 준비해 가지고 친척집이 있어 거기에 숙소를 정하고 제보자를 소개받았는데, 그 한씨(韓氏) 할아버지는 약주를 한 잔 하고 오셨기에 조사가 어려울 것 같아, 다른 이야기만 하였다. 마침 준비된 약주가 있어 한 잔 더 하는데 할아버지는 나의 신분에 대해서 자꾸 묻는 것이었다. 가방을 열어 보자는 둥, 녹음기를 작동해 보라는 둥, 성씨가 무엇이며 직장이 어디냐는 둥……. 공손히 아무 대학에서 국어를 가르치는 김 아무개라고 몇 번을 말했으나 또 되풀이 묻는 것이다. 견디다 못해 바람이나 쐬기 위해 밖에 나가 20분쯤 뒤에 들어가니 그는 가셨다 했다.

친척 댁 식구를 제보자로 선정하고 조사를 하고 있는데, 앞의 할아버지께서 50대나 되어 보이는 다른 한 분을 모시고 왔다. 한약방을 경영하는 분으로 내가 근무하는 대학의 학장님과 몇몇 교수들을 알고 있는 분이었다. 인사 후에 학교의 이것저것을 하나하나 물었다. 주민등록증도 보자고 하여 확인하더니 얼굴빛이 달라지면서 손을 붙들고 사과를 했다. 자기가 이렇게 오게 된 것은 할아버지께서 집으로 찾아오셔서 "아무개 집에 미문화원(美文化院) 방화범이 와 있으니 신고하고 현상금을 타자."고 해서, 자기가 직접 확인한 다음에 신고를 해도 늦지 않을 테니 같이 가보자고 해서 왔는데, 큰 실수를 할 뻔했다면서 사과를 했다.

물론 오해로 그치고 말았지만 이런 류의 오해로

곤욕을 치르는 일이 종종 있다. 실제 경찰에 신고가 되어 직접 조사를 받는 경우도 있다. 국민들의 안보 의식이 투철하고 강한 것은 다행이나, 사람들 사이에 불신감(不信感)이 고조되어 있는 것을 생각할 때는 퍽 안타깝기도 한 일이다.

이 밖에도 조사를 나갔다가 숙소를 구하지 못해 밤늦게 10여 ㎞를 걸어 나와야 했던 일이며, 할아버지 할머니를 모시고 조사를 하는데 그분들의 아드님이 오해하여 완강히 거부하는 바람에 조사를 모두 마치지 못한 예도 있다. 또 그림을 보여 드리면서 물으니 영어로 대답을 해주는 경우엔 아연 놀랄 수밖에 없었다.

방언조사 연구는 연구실 내에서 서책을 통한 연구와는 또 다른 경우들이 많아서 어려움이 하나 더 해진다고 본다. 곧 연구실의 작업은 작업대로 하면서 하나 더 현지 조사라는 어려운 일을 하게 되기 때문이다. 물론 현지 조사를 하는 것이 비단 방언 조사뿐 아니라 시장조사나, 여론조사, 민속조사,

고적답사 등 많은 조사가 있으나 한 지역에서 같은 마을에 계속 며칠 묵으면서 자료를 수집하는 딱딱한 작업은 아무래도 방언조사가 지닌 특수성이라고 하겠다. 어려운 작업이지만 이 방법을 통해서 귀중한 언어자료(言語資料)를 얻을 수 있으니 지속되어야 할 것이며, 좋은 성과를 얻을 수 있는 여러 가지 방법들을 강구하고 연구 개발해야 될 줄로 안다.

더 많은 일화들을 만들면서 꾸준히 방언조사를 계속할 것이다.

역사와 함께 걸어온 자생의 언어

—방언의 기원과 역사

방언의 기원과 역사를 말하기 위해서는 방언이 무엇인가? 하는 것에 대한 논의가 먼저 이루어져야 할 것 같다. 일반적으로 사투리라고 부르는 말은 표준어와 대등하게 생각하기보다는 표준어에 비해 격이 낮고, 그것을 사용하는 사람을 품위가 낮거나 시골 사람, 가혹하게 말하면 모자라는 사람으로 생각해 왔다.

필자는 학생들과 함께 방언조사를 나간 적이 있다. 그런데 초등학교 교장 선생님 댁으로 가서 조사하기 위해서 접근을 하였더니 교장 선생님께서 노발대발 화를 내시며 "우리 집이 방언이나 사용하는, 그런 형편없는 무식한 사람만 사는 줄 아느냐." 고 호통을 치는 바람에 어이가 없어서 되돌아오고 말았다. 그래서 다시 그분께 방언이라는 것은 시골의 무식한 사람의 말이 아니고 이 마을에서 오래 산 사람들이 그 지역의 말을 사용하게 된 것이라 설명 드린 적이 있다. 이것은 방언의 의미를 잘못 알고 있는 예라 할 수 있겠다.

물론 누구나 표준어를 잘 구사할 수 있다면 그것 또한 바람직한 일일 것이다. 하지만 우리 언어를 연구하는 사람이나 혹 그렇지 않은 사람일지라도 표준어와 방언을 항상 잘 가려서 사용한다는 것은 거의 불가능할 것이다. 만약 그런 사람이 있다면 그 사람과 더불어 대화하는 것은 무척 딱딱하고 때로는 두렵기까지 할 것이다.

방언의 개념을 제대로 파악하기 위해 우선 표준어에 대해서 생각해보자. 표준어는 한마디로 사람들에 의해서 선택받은 언어라 할 수 있겠다. 1930년대에 『가려 뽑은 표준말 모음』이라고 하는 책이 이를 잘 입증하고 있기도 하다. 이 책에서 표준어로 선택된 말들은 국가적으로 보호받는 법령의 성격을 가진다. 그렇기 때문에 인위적이고 강권적이다. 이것은 국가의 언어정책으로는 필요 불가결의 성격이기 때문에 국가의 언어가 공용어(公用語)로서의 소임을 잘할 수 있도록 하기 위해서는 당연히 그렇게 해야 할 것이며 국민들도 지켜야 할 것이다.

이에 비해서 방언은 자생적이라고 할 수 있다. 국가의 보호를 받지 않으면서도 잡초와 같이 모질게 살아간다. 비유를 한다면 온실에서 보호를 받고 자란 것을 표준어, 들과 산에서 자란 잡초는 방언이라 말할 수 있을 것이다. 국어연구를 하는 데 표준어에 대한 연구도 중요하지만 방언의 연구는 그 초석이 될 것으로 생각된다.

과거 방언연구자들이 방언을 역사적인 연구를 위한 보조 자료로만 생각했던 것은 반성하여야 할 일이다. 또한 방언은 일정하지 않지만 지역을 중심으로 각각 분화돼 있다. 이것은 방언 조사에 의해서 구분된다. 바꿔 말하자면 각 지역 방언의 집합이 국어가 된다는 것이다. 어느 지역에서 방언을 사용하는 사람과 표준어를 사용하는 사람 간 의사소통이 안 된다고 해도, 그 방언화자(方言話者)가 구사하는 방언이 표준어와 연결돼 있다면 그것도 방언으로 칭한다는 것이다. 예를 들면, 제주도 방언에 '독새끼'라는 어휘는 표준어의 '달걀'과 연결짓는다. 우리가 듣는 '독'은 중세국어의 '·'가 우리 귀에 'ㅗ'와 같이 들린 것으로 파악된다. 따라서 각 지역에서 모두가 사용하는 말은 공통어(共通語)라 하고 특수하게 쓰이는 말은 모두 그 지역의 특수어라고 하는 것이다. 방언은 이들이 합해진 것으로 파악해야 한다.

그렇기 때문에 방언 연구자들은 그 지역에서 쓰는 공통어도 잘 검토해야 하는 것이다. 즉, 방언에 대해 정의하자면 '각 지역에서 자생적으로 자란 그 지역의 특성을 잘 담아온 지역의 특수어와 공통어의 합'이라 할 수 있다. 방언은 살아 있는 잡초와 같아서 텔레비전과 같은 대중매체가 발달해 있으나 없으나 살아남아 있는 것이다.

그럼 이제 방언사에 대해 논의해 보자. 동서를 나누어서 보면 어느 쪽의 역사가 앞이고 뒤인지 말하기 어려울 것이다. 하지만 앞에서 방언을 정리한 것처럼 하나의 언어가 지역에 의해서 분화된 것을 방언이라 한다면 『구약성경』의 창세기 제11장 「바벨탑 이야기」에서의 언어 분화, 곧 방언이 하나님에 의해서 이루어진 최초의 기록이 될 것이다. 방언의 기원도 여기에서 찾아야 할 것이다.

또한 방언의 역사도 창세기까지 거슬러 올라갈 수 있다고 볼 수 있겠으나 정확한 기록의 실례가 있어야 한다. 예컨대 그리스의 학자들이 언어 간 차이를 알고 있었음을 엿볼 수 있는 문헌이 있는데, 이는 각 지역으로 분화하여 지역적 차이를 나타내는 말을 찾아서 문헌에 그 공통어를 썼음을 의미한다. 곧 Herodotus가 그의 저서 『히스토리아』를 그 당시 공통어인 'Ionia'어로 쓴 자료가 있다. 타

지역의 언어로는 그리스인들의 서사시나 역사책을 읽을 수 없었다는 것이다. 이들은 그 시기 이전의 고어(古語) 연구도 했다. 구체적이고 실증적인 문헌으로 역사상 최초로 언어 시공(時空)의 차이를 알았다는 것을 기록으로 남긴 것이다.

또한 동양에서는 한민족(漢民族)인 양웅이라는 사람이 전한 시기에 그의 저서 『방언』에서 언어의 지역적 분화를 말했고, 특히 고유명사인 지명을 기록하여 그 지역적인 분화의 모습을 보여줬다. 한국에서도 일찍이 삼국시대에 설총이 방언(方言)(이것은 물론 오늘 우리가 알고 있는 것과는 개념이 다르다.)으로 『구경(九經)』을 읽었다는 기록과 『삼국사기』에 나오는 지명에서 삼국이 서로 달랐다는 기록을 가지고 있다. 비록 한자를 차용하기는 했으나 삼 국이 각각 다른 모습을 실증적으로 보여주고 있다. 현재 전해지는 예(例) 중 지명에 나타나는 형태는 각각 다르다. 지명어로 자주 등장하는 것을 보면 고구려 : 홀(忽). 백제 : 부리(夫里) · 실라벌

(불)(火, 伐, 弗) 등과 같은 것은 『삼국사기』 지리지에 나타난다. 그 기원은 알타이 공통조어까지 이르겠지만 우리는 삼국시대에 비로소 언어의 차이를 나타내는 자료의 기록을 가지고 있다.

정리해보자면, 표준어를 인위적으로 정하는 반면 방언은 지역적으로 분화한 언어로서 산과 들에서 자라는 잡초와 같이 자생적이다. 상호 간에 의사소통이 안 된다 해도 그것을 사용하는 화자들이 일정한 표준어와 연결된다면 역시 그 국어의 하위 개념인 방언임을 말하였고, 그 기원은 인위적이 아닌 하나님에 의해서 이루어졌다는 창세기를 인용해서 논의하였다. 또한 그 역사는 Greece, 중국의 전한(前漢)에서, 한국의 경우 삼국시대의 지명어에서 그 역사적인 기록을 찾을 수 있었다.

운장학원(雲藏學院) 진통기(陣痛記)

「운장학원의 서장」에 이어서 운장학원에 관한 글을 쓰라는 부탁을 받고 오랫동안 망설이고 붓을 들지 못했다. 이미 정 선생님께서 대강 말씀을 하셨기에 더 할 말이 없을 듯할 뿐 아니라, 혹 본의 아니게 누를 끼치는 일이 있을까 하는 생각 때문이었다. 또 그 일들 자체가 무슨 글을 써서 흔적을 남기자거나 자랑 삼아서 한 것도 아니기에 더욱 붓을 들기가 어려웠다. 우리는 심고 기르는 데까지 하고 후배들에게 뜻을 물려주어 잘 가꾸도록 후원을 하며 지켜보자는, 어쩌면 무책임하고 소극적인 면도 있으나, 그렇게 하기로 했던 것이다. 우리 아니면 못할 것이라는 오만한 생각을 버리자는 것이 그 바탕이었고, 정규학교로 인가를 얻거나 학교법인을 설립하자는 것도 아닌, 대학에 재학 중인 학생들의 뜻을 모은 운장학원의 설립 취지에 공감하고 봉사하겠다는 후배들의 어느 서클에 인계하여 이어 나갈 수 있도록 하자는 생각이었다. 그것이 오늘까지 사반세기 동안 지속되어온 것으로 보아 아주 잘못된 생각은 아니었던 것 같다.

이에 더 할말이 별로 없겠으나 굳이 쓰라는 부탁이니 진통기라고 생각되는 시기에 있었던 몇 가지 일들을 간추려서 회상하여 보고자 한다.

'가난은 결코 죄일 수 없고, 가난으로 인해 무지로부터 벗어나지 못한 많은 사람들을 해방시켜야겠으며, 그로부터 오는 여러 병폐들을 줄이고, 나아가서 바람직한 행동을 할 수 있는 길을 찾아 주자.'는 것이 운장학원의 설립취지였다. 물론 무료무급이며 학생 지도하는 교사들은 주중 하루를 택해서 봉사하는 것을 원칙으로 하고, 중학교 3년 과

정을 이수시키기로 하였다.(후에 고등부 1년 과정을 설치해서 졸업을 시키고 끝낸 일도 있음.) 이렇게 정한 것은 당시의 생각으로 중학교의 의무교육의 실현을 앞당겨 보자는 소망도 있었다.

그 뜻이 25년이 지난 지금 일부 산간 및 도서지방에서 실현된 것을 퍽 다행으로 여긴다. 당시 자주 한 이야기 중에 하루빨리 운장학원과 같은 수준의 학원이 우리나라에서 필요 없는 시기가 오기를 소망했었다.

운장학원을 설립하던 1960년은 4 · 19 이후 갑자기 밀려온 민주화의 거센 물결을 감당하기가 벅찬 시기였다고 생각한다. 새로 들어선 정부는 오랫동안 쌓여온 고질적인 병폐들을 씻으랴, 빗발치듯 밀려드는 여러 가지 요구들을 들으랴, 정신을 차릴 겨를이 없었다. 한편 학원을 비롯한 사회 각층에서 매일 되풀이되는 여러 시위로 극히 혼란한 와중에 빠져들 무렵, 친목과 심신 수련, 학술 연마를 위해 뜻을 모았던 '운장암' 회원들이 매월 학술 토론을 가졌는데 이러한 상황에서 '학생들이 해야 할일이 무엇이겠는가?'하는 과제를 놓고 토론한 끝에 '우리의 참된 길을 찾아야 되지 않겠는가? 연일 데모만 하겠는가?' 하는 문제들이 제기되어서 새로운 방향의 학생 운동을 모색하고자, 토의한 끝에 결실을 보게 된 것이 운장학원의 설립이었다.

1960년 12월 1일 문을 열고, 12월 2일 오후 6시 30분에 개교식을 가졌다. 내빈 3사람, 학교장님(당시 전북대학교 교학 처장님을 학교장님으로 모셨

음), 학부형 3명, 교사 14명, 학생 56명이 모여 개교식을 하였다. 물론 훗날 100명이 넘는 때도 있었다. 당시 학생들을 모집하는 광고 문안은 '배움에 굶주린 동생들은 운장학원으로 모여라.'였다.

학생들은 열심히 공부하였고 교사들도 성의를 다했으나, 이들의 열과 성의만으로는 어려움이 많았다. 배움의 집을 마련하는 일, 유지비의 조달은 쉬운 일이 아니었다. 사회 각층의 인사나 은사님들의 벅찬 후원에 힘입어 운장학원은 계속될 수 있었다. 당시 전주 시장님은 흑판을 기증하셨고, 전주사범학교 교장님은 책상 50조를, 사범 병설중학교 3학년에 재학 중인 뜻있는 몇 여학생들은 자기들이 배운 교과서들을 모아서 보내주었으며, 그 밖에도 백묵, 흑판, 지우개, 시험지, 등사기, 전등, 교무실용 책상과 의자, 도서, 책장 등 물품과 많은 후원금들을 마련해 주었기에 배움의 보금자리도 마련되었다.

운장학원은 결코 어느 개인의 힘이나 '운장암'의

힘만으로 된 것이 아니다. 전주 지역사회의 여러분들의 힘으로 이룩된 것이다. 당시 전북일보사를 위시하여 각 방송국에서도 적극 후원했으며, 여러 교회에서도 목사님께서 직접 오셔서 특강과 설교, 기도 등을 해주고 격려하셨다.

이렇게 초창기 운장학원은 설립되고 운영되었으나 또 다른 많은 어려움이 있었다. 무엇보다도 안타까운 것은 입학했던 학생들이 학업을 지속하지 못하고 중간에 그만두는 여러 가지 요인들이었다. 공짜라는 생각에서 입학은 했으나 열이 식어지면 며칠 결석을 하다가 무단히 그만두거나, 10㎞ 이상 원거리 통학생이 많았는데, 밤길 통학의 고통을 이기지 못한 학생들이 속출하여 제1회 졸업식 때는 10여 명의 졸업생만을 배출하였다. 이런 상황에서 교과 과정의 운영에 퍽 많은 고심을 하였다.

중학 3년 과정을 이수시키는 것이 중심이었으나 중간에 그만두는 많은 학생들에 대한 배려도 해야겠기에, 많은 특강 시간을 마련하였다. 한편으로는 중학교 과정이 진행되고 또 한편으로는 종교, 사회, 문화, 학술 등 다방면의 교수님, 전문가, 성직자 등을 초빙하여 학생들이 마음의 눈을 뜰 수 있도록 각별한 배려를 하였다. 그래서 운장학원에 단 한 주일을 다녔더라도 무엇인가 얻은 것이 있었다라는 생각이 들 만큼 나름대로 주간 계획을 세워서 진행했었다.

그 결과 졸업생이 아니더라도 훗날 많은 학생들이 꾸준히 찾아주었고 후원도 해주었다. 물론 그만둔 학생들 중에는 정규학교에 입학한 학생들도 많았다. 그 결과 현재 각계에서 활동하고 있는 운장학원을 거쳐간 일꾼들의 모습을 찾을 수 있다. 당시 학원의 생활 목표는 '참스럽게, 착하게, 아름답게'였다. 은연중에 그 정신이 몸에 배었을지도 모른다.

문제는 학생들에게만 있는 게 아니고, 지도 교사들에게도 있었다. 당시 운장암 회원들의 가정 형편은 넉넉하지 못했다. 대부분 가정교사를 위시하여 많은 일들을 하며 학비를 마련하기에 바빴다. 여기에 틈을 내기도 어려웠을 뿐 아니라, 졸업을 하는 회원, 잠시 휴학을 하거나 입대를 하는 회원들도 있었기에 그 자리를 보충해야 하는 고충도 퍽 컸다.

그런 시기에 어느 여학생이(운장암 회원이 아님) 운장학원에 나와서 같이 학생들을 지도하고 싶다는 말을 하면서 운장학원의 운영회의에 자원 참석한 것이다. 여러 차례 숙의 끝에 첫 번째 비회원인 여선생님을 초빙하게 되었다. 뒤에 너무도 열심일 뿐 아니라 진실한 모습에 회원 모두가 감동되어 운장학원을 개방하여 지원자 선생님들을 초빙하게 되었고, 뒤에 운장암 회원이 아닌 새돌 회원들에게 뒤를 잇도록 할 수 있는 자연스러운 길이 열린 것이다.

학원의 존립을 위협하는 큰 어려운 문제로 교실을 마련하는 문제가 현실적으로 대두되었다. 전주고등양재학원 원장님의 배려로 교실과 책상 등 시설 일체를 빌려서 사용하였으나 그 양재학원이 시

내로 이사를 하고, 그 건물과 대지를 매각해야 할 처지가 되었다. 얼마간 시한부로 빌려 쓰고 모금을 하여 사들이기로 결정을 하였다. 열심히 모금을 하였으나 건물 및 대지의 대금 3,000만 환(1962년 화폐개혁 이전)에 미달하여 스스로 이사를 해야 했다.

요한대(운장학원 뒷산), 다가산, 효자동 옆 콩밭 등에서 천막을 치고 촛불을 밝혔으나 지속하기는 어려웠다. 이때 완산국민학교 교장 선생님께 부탁드려 강당 지하 교실을 빌려 수업을 할 수 있게 되었다. 교실은 해결되었으나 교무실이 해결되지 않아 쉬는 시간을 정원의 벤치나 돌 위에 앉아서 별을 보며 이야기를 나누었다.

이때 5 · 16을 당하여 계엄령으로 약 1개월간 휴교를 해야 했다. 무인가 학원이고 학생들이 운영하는 곳이어서 부득이 휴교를 할 수밖에 도리가 없었다. 그동안 모금한 금액을 계산하니 1,500만 환쯤 되었다. 휴교령이 풀린 뒤에 완산학교에서도 계속

하기가 어렵게 되어 다시 양재학교로 돌아갈 수 있는 길을 찾았다. 모금된 금액을 드리고 사정하여 후에 다시 양재학원 자리인 현재 운장학원 건물로 들어갈 수 있었다. 그 뒤로도 잔금을 쉽게 마련하지 못하여 고심하던 중, 여러 가지 묘안을 찾기에 힘썼다. 그중에 하나가 주간에 이 건물을 활용하자는 제안이었다.

그 결과 결정된 것이 운장학원 부설 공작실 운영이었다. 운영자를 찾던 중 운장암 회원 중에서 하기로 결정이 되어 두 회원이 같이 운영을 하게 되었다. 결국 둘이 합해서 잔금을 지불하되 운장암에서 빌리는 형식이고 대신 공작실 운영을 허락하도록 한 것이다. 그러나 문제는 쉽지 않았다. 양쪽이 모두 집을 팔아서 투자를 한 것이었다.

나중에는 둘 중 한 회원은 손을 떼고 한 회원이 단독으로 운영을 하게 되었고 그 회원은 살고 있던 집을 비워야 될 형편이어서 운장학원에 딸린 기숙사에(방 5~7개 정도의 크기) 이사를 해야 했다. 그러다 보니 운장학원 공작실은 개인 가내수공업장으로 변질될 수밖에 없었다. 당시 많이 쓰이던 색종이, 축하 테이프, 철끈, 등사 잉크 등을 제조하였다. 그래서 운장학원 공작실을 폐지하고 말았다.

문제는 이렇게 끝나지 않았다. 주간의 빈 교실을 활용하던 회원이 주간과 야간에 교육 사업을 하겠다고 나선 것이다. 처음에는 주간만 활용할 경우 '운장암'에서도 적극적으로 협조할 생각들이었다. 그래서 고등공민학교의 인가를 얻고 교가 작사자인 회원이 운영을 하는지라 교훈과 교가를 같이 사용하는 일까지 동의했던 것이다. 그러나 뒤에 학교 운영의 여러 실태가 운장학원과는 거리가 있음을 깨닫게 되었다.

검정고시 준비 등을 위시하여 납입금을 징수하는 문제, 야간반을 설치하려는 문제 등이 운장학원과는 관계없이 추진됨에 이르러서는 상당히 논란이 거듭된 것이다.

그러면서 학교 인가를 위해서는 대지와 건물의

등기가 문제되게 된 것이다. 상대가 절반의 소유권을 주장하고 나서게 됨으로써 또 다른 어려움에 직면하였다. 결과적으로 절반을 떼어 나누기로 하였으나 현재 살고 있는 기숙사 부근을 제외한(대지 100여 평과 건물) 1,100여 평을 교사 한가운데를 중심으로 앞 운동장 부분과 기숙사 옆쪽 건물을 '형문고등공민학교' 쪽으로 이전시키게 되었다.

이렇게 하여 반쪽이나마 운장학원의 건물은 확정되었으나, 완전한 해결은 아니었다. 반쪽만으로는 인가를 얻을 수 없는 관계로 주간에 나머지 운장학원 부분까지 활용할 수 있도록 할애하였다. 그런 과정에서 운장학원과 형문고등공민학교는 동일체가 아니라는 것을 분명히 밝히고 시작했던 것이다.

그러나 형문고등공민학교를 운영하는 회원은 모든 일에 운장학원을 등에 업고 일을 하는 것이 편리함을 알고 그런 방향에서 일들을 추진했다. 그 사실을 알고 중지할 것을 요구했으나 그치지 않았다. 그뿐 아니라 얼마 뒤에 안 일이지만 건물 등기 과정에서 아무런 협의도 없이 일방적으로 건물 모두를 개인 앞으로 등재한 것이 발각된 것이다. 더는 용납할 수 없다는 결론에 도달되어서 그를 즉각 시정하도록 하고 잠정적으로 운장암 회원 자격을 박탈한 것이다.(아직도 회원 자격이 다시 주어지지 않았음.)

그 후 형문고등공민학교에서 주변의 땅을 사들이고, 경지를 정리하고 교실을 증축하여 상업 전수학교로 인가받아 운영하게 되자 운장학원의 출입문은 앞쪽에서 뒤쪽으로 바꾸어야 했다. 그 뒤에도 경계선을 확실히 하기 위한 측량을 몇 차례 했고, 묫자리 양보를 하라는 등의 요구로 퍽 어려운 문제들이 많았었다. 결국 형문고등공민학교는 장소가 비좁아 발전적인 이전을 하였다. 그 형문고등공민학교 자리는 매각되어 오늘날과 같이 많은 주택이 들어서고 교사 한쪽은 헐리고 현 운장학원만 남게 된 것이다. 실로 땀과 감회로 얼룩진 반쪽 건물이다.

이 진통의 시기에 우리에게 늘 새 활력소를 넣어 준 것은 학생들이었다. 그들과 만나는 동안 모든 것을 다 잊곤 하였다. 그동안에 있었던 몇 행사를 기억해 보기로 한다.

제1회 개교기념 행사를 들 수 있다. 추운 12월 1일이었다. 그 행사를 위해 1개월여 준비를 하였다. 노래, 무용, 간단한 연극 등, 물론 우리끼리 계획하고 준비를 하였다. 물론 따로 강당도 없었다. 여러 도구들은 거의 빌렸다. 개교기념일 당일에는 의외로 손님들이 많이 오르셨다. 행사는 그런대로 마쳤다. 이때부터 생강차 끓이고, 고구마를 찌고, 튀밥을 튀어 차려 놓고 학생, 내빈, 교사들이 한데 어울려서 노래하고 춤추는 파티가 진행되었다. 그 뒤 몇 해 동안 이런 행사는 거듭되었다.

졸업식은 매년 2월 말일에 하도록 결정이 되어 첫 졸업식은 2월 28일에 실시하였다. 제1회 졸업생은 8명이었다. 우리들로서는 감격의 순간이었다. 많은 분들께서 상품과 선물을 가지고 오셨다. 특히 기억에 남는 분은 박소아과 원장님이시다. 그동안에도 특별히 지원을 해주셨지만 졸업식과 개교기념식에는 꼭 선물을 안고 오셔 격려해 주셨다.

진통기에 기억될 이 밖의 많은 일들이 있으나 이만 접어야 할 것 같다. 운장학원을 통해 간 많은 사람들은 학생이나 교사 할 것 없이 대부분 열심이었고 순수했다고 보며 참스럽고, 착하고, 아름답게 살려고 노력했다고 본다. 물론 어설프고 부족한 것이 많았으나 거듭 말하지만 무척 순수했었다고 기억된다. 그 모습들이 마치 밤하늘의 별들 모양으로 수없이 떠오른다.

새돌회를 보는 사회의 눈

대학생과 교외활동(校外活動)

새 돌!

이끼 묻고 많은 시간을 머금어도 반들반들해지지 않은 꺼끌꺼끌하고 모가 난 돌이다.

새 돌!

아직 어디에 쓰이기로 작정되지 않은 돌이다.

대학생들의 움직임, 생각에 그 나라 장래의 방향이 될 것이다. 학생들의 행위는 우선 순수한 입장이라는 점에서 퍽 높이 평가될 수 있다. 어느 편도 아닌 공정한 위치에 설 수 있기 때문이다. 그들이 학창 시절에 무엇을 배우고 어떻게 훈련하는가는 미래에 커다란 영향을 줄 수 있는 여건이 될 것이다.

'새돌회'는 전북대학교 학생들의 모임이다. 오늘도 봉사정신을 훈련하는 한편 학생의 본분을 다하기 위하여 학업에 충실하고 있다. 그래서 그 회원들은 누구나 'B'학점 이상의 성적을 올려야 한다. 학생의 본분에서 벗어나지 말아야겠다는 생각에서인 줄 안다. 그들은 또 매월 연구 발표회를 가진다. 순수한 그들이 알차고 새로운 것들을 많이 찾아내고 우리의 전통과 유산을 많이 이어받기를 바라는 마음 간절하다.

우리나라 학생들은 상아탑 안에만 머물러 있지 못하는 실정이다. 조국의 현실과 장래를 연계하는 나머지 무엇인가 새로운 장래를 마련하기 위하여 뛰어드는 것이다. 때묻지 않은 그들이기에 어찌할 수 없는 일이다. 4·19 뒤, 그 혼란스러운 시위를 경험하며 '정말 우리 학생들이 해야 할 일이 무엇인가?'를 토의한 끝에.

'무지에서 해방을! 가난 극복을! 그리고 이 사회에 신뢰와 사랑과 명랑, 그리고 소망을!'

이라는 참으로 벅차고 무거운 짐을 질 것을 결의하여 세워진 '운장학원'을 새돌회원들이 찾은 것은 우연이 아니었을 것이다. 지금 그들은 무거운 짐을 기꺼이 지고 나가고 있다.

거기에 어떤 결정적인 방향이 주어진 것도 아니다. 이 사회의 한구석에서 남모르게 새로운 방향을 모색하고, 이 나라의 중등학교 의무교육을 바라는 마음에서 자극을 주자는 것이다. 번지르한 교사(校舍)도 없고 무슨 무슨 자격들도 없으니 더욱 좋다. 서툴어서 남보기에 어색하지만 순수한 움직임이기에 좋다. 그래서 그들은 학생들과 같이 뛰놀 수 있고, 고구마 파티도 할 수 있으며, 얼음 과자통을 메고 거리에 나설 수도 있는 것이다. 그들은 기성의 어느 무리 속에도 들어가 있지 않은 새로 던진 돌이다.

다만 이렇게 움직이되 정말 하나가 될 수 있는 참을 모색해야 될 것이다. 무원칙하고 산발적이지 않고 진리를 향해서 발길을 재촉할 때 그 새 돌은 긴요하게 쓰일 수 있을 것이다. 홍수를 막는 제방에도, 아름다운 건축들의 주초로도 쓰여질 것이다.

새 돌!

아직 어디에 쓰기로 결정되지 않았다.

4부

완판본(完板本) 이야기

서천교 창건비(西川橋 創建碑)

전라도를 관장한 전주는 예술활동이 활발히 일어난 곳이기도 하지만 책도 많이 생산됐다. 특히 '방각본(坊刻本)'이라 하는 상업적인 책을 개인이 출판 인쇄해 판매했다. 순한글로 쓴 『춘향전』, 『심청전』 등 20여 종이 넘는 고소설의 발행은 대단한 수준이었다. 이외에도 7서(七書)와 언해본(諺解本)을 발간했고, 교양서적도 발간됐다. 방각본에 대해서는 모르는 사람들이 많아 아쉬움이 남는다.

실은 완판본은 거의 정리됐다고 볼 수도 있다. 선학(先學)들께서 꾸준히 발굴 연구해왔으며, 활발히 논의되기도 했다. 그러나 총체적인 검토와 종합적인 정리작업은 남아 있다. 이는 아주 화급한 일이며, 의미 있는 일이기도 하다. 그래서 우선은 이 일을 널리 알려야 한다고 생각한다. 미약하나마 필자가 오랫동안 준비해온 전주의 옛 책 이야기를 들려주려 한다.

전주의 옛 책 이야기에 금석문(金石文)을 빼놓을 수 없다. '서천교 창건비(西川橋 創建碑)'는 완산교회 앞에 있는 서천교 한쪽에 세워 놓은 오석(烏石)으로 만든 약 2m 높이 비석인데, 비문이 잘 보존돼 있다. 근래까지 묻혀 있다가 몇 년 전 도로 확장공사 때 자리를 찾게 됐다.

내용을 살펴보면 이렇다. '본 고을은 주(周)나라로 말하면 빈(豳) 땅이고, 한(漢)나라로 말하면 패읍(沛邑)으로서 우리나라에 있어선 하나의 큰 도시다. 전주천의 남쪽에 다섯 개의 홍교(虹橋 : 무지개다리)가 있었는데 이는 장관에 그치지 않고 또한 물을 건너는 데 불편이 없다. 그중에서 서천교는 본디 흙과 나무로 엉성하게 만들어져 있어 가을 장마와 여름철 우기를 만나면 무너져내리지 않은 적이 없었고 원근의 나그네 발길이 이어질 수 없었다. 도광(道光 27년 서기 1847년 9월)'

전주천에 돌로 만든 홍교 5개의 아름다움, 다리를 건너는 황홀한 배경에 다가산 활쏘기 판소리 등이 한마당을 울리는가 하면 서천교가 중심이 되는 서계서포 다가서포 등 완판본의 옛 인쇄 출판의 규모 또한 조선조의 으뜸이던 전주의 면모를 음미할 수 있는 대목이다.

전주에는 이러한 비석들이 많이 있다. 지금 신흥학교 교정에 세워둔 희현당(서당)사적비, 중수비, 예수병원 뒤 언덕에 화산서원비, 약령시장비, 남고산 만경대에 암각(暗刻)해 놓은 포은의 시, 명필 창암(蒼巖)의 풍남문 현판, 명나라 명필 동기창(董其昌)의 객사 현판 '풍패지관(豊沛之館)' 등 모두가 전주의 전통을 보여주는 것들이다. 서천교 창건비는 보존 상태가 좋아 근래에 제자리를 찾게 되었다.

가람 등사본 훈몽자회(訓蒙字會)

『훈몽자회』는 최세진(崔世珍)이 1527년에 간행한 기초 한자 학습서다. 상·중·하 3권 1책이다. 기초 어휘를 중심으로 하여 3,360자를 선정해서 엮은 것으로 오늘에 이르렀다. 현재는 한문 교과서라기보다 국어사의 가장 좋은 기초 어휘자료, 음운자료로 각광받는다. 책들은 임진·병자 양 전쟁과 과거 일제 강점기에 일본인들이 약탈해 갔다. 1960년대에야 일본에서 초간본으로 보이는 '예산문고본(훈몽자회)'과 임진왜란 이전에 간행된 '동경대중앙도서관본' 등 여러 책이 밝혀졌다. 국내에서도 임진왜란 전에 발행한 몇 책이 발견되어 모두 20여

종이 있다. 가람 선생 소장본이 1950년대에는 유일한 국보급 책이었다.

가람 소장본 『훈몽자회』에는 일화가 있다. 1950년대에 전북대학교는 전시 연합대학이었다. 어느 대학교 학생이든 전시 연합대학에서 학업을 계속할 수 있었다. 그 시기에 가람 선생 『훈몽자회』가 변을 당한 것이다. 전북대학교 명예 교수이신 일산 김준영 선생님께서 아주 분명하게 말씀을 해주셨다.

"서지학(書誌學)을 했지만 국어국문학도 같이 연구를 하니 서로를 잘 알고 지내는 터에 김 모 교수가 서울 강의를 나가면서 『훈몽자회』를 빌려달라고 해 빌려주었다. 밤 열차를 타고 가는데 귀한 책이니 가슴에 안고 있다가 화장실에 가면서 그 가방을 자리에 두고 갔는데 다녀와서 보니 가방이 없어졌더란다. 가람 선생은 그가 빌려 가지고 갈 때 귀한 물건이니 너무 조심하는 기색을 보이지 말고 아무렇게나 놓고 가라 했더니 잃어버리기로 작정을 한 일이 아니면 누가 가지고 갔겠느냐면서 광고도 내고 했지만 결국은 잃어버린 것이지…….”

2007년 5월 ‘국어문학회’ 전국 학술대회장에서(전북대) 이의 객관적인 가치를 알 수 있는 자료가 있다. 일사 방종현은 『훈몽자회고』 「동방학지」 제1집에서 ‘최고(最古), 가장 정확, 가장 좋은 책’이라 했다.

필자는 전주본 『가람등사본 훈몽자회』(필자가 붙인 이름)를 가지고 있다. 간기(刊期)나 편자의 이름도 없다. 전주에서 이 책을 찾았고 지금 전주에서 가지고 있으니 ‘전주본’이라 부르기로 한다.

이 전주본은 가람 선생 소장본을 등사(謄寫)한 것이다. 거기에 부록을 붙였다. 먼저 훈몽자회의 부수색인(部首索引) 36쪽, 음색인(音索引) 48쪽 합 84쪽이다. 아주 세밀히 하였기에 글자를 찾을 때에 편리하다. 『훈몽자회』 원문을 다른 책과 비교해서 그 차이를 책의 상부에 기록했다. 이 점으로 보아서 오히려 다른 책보다 더 좋은 참고자료가 된다.

국보급 가람 선생 소장본을 잃은 안타까운 마음을 가진 모든 분들께 조금이나마 위로받을 계기가 되었으면 하는 마음이다. 그동안 궁금해하던 문제들도 확인할 수 있기를 바란다.

유충열전(劉忠烈傳)

조선 후기 대표적 영웅소설『유충열전』은 이본(異本)이 많다. 대체로 7가지 이본이 있는 것으로 파악되고 있는데 이도 확실하지 않다. 이본 중에서 을사완남본(乙巳完南本)『유충열전(1845?)』상·하 2권 2책(필자 소장)을 소개한다. 유일본이라고 할 수는 없지만 필자는 지금까지 이와 같은 책을 보지 못했다.『유츙열젼』권지상 乙巳季秋完南新刊(을사계추완남신간) 상편죵,『유츙열젼』권지하 乙巳季秋完南發刊(을사계추완남발간) 하편죵.

『유충렬전』은 조선 후기에 유행했던 영웅소설의 대표적인 작품이다. 간신 정한담의 모함으로 충신

유심의 집안이 풍비박산되고 유심의 아들 충렬이 죽음의 위협에 처하게 되지만 하늘의 도움으로 위기에서 벗어난다. 충렬은 병술(兵術)을 익혀 위기에 처한 나라를 구하고 간신들을 처치한 후 가족과 상봉해 부귀 영화를 누리게 된다.(규장각, 가람 813.5-Y94c)

목판본이 주를 이룬 방각본 한글 고조설에 『유충열전』은 완판본만 있고 경판(京板)은 없다. 조선조 후기 전라도 지역에서는 특히 영웅소설(군담류 소설)이 많은 독자를 확보했다고 전한다. 『유충열전』이 전라도뿐 아니라 전국적으로 널리 퍼졌다는 신문기사도 있다. 시대일보(時代日報) 1923년 9월 20일자에는 이런 기사가 있다.

'유충렬전(劉忠烈傳)이 살인(殺人), 책의 사실과 제 사정이 같다고 사람 하나를 죽이고 둘을 상해 (충남 연기군에서……)'

『유충열전』 이본에는 다음과 같은 것들이 있다. 임인(壬寅) 7월 완산개간(1902) 1책, 계묘(癸卯) 중

춘(仲春) 완산중간(1903) 1책, 완흥사개각본(19..?) 1책, 다가서포본(19..?) 1책, 보각임인본(補刻壬寅本)(1902~1912) 1책, 풍패중인(豊沛重印) 연대미상 1책, 그리고 『유츙열젼』 권지상 乙巳季秋完南新刊(을사계추완남신간) 상편죵과 『유츙열젼』 권지하 乙巳季秋完南新刊(을사계추완남신간) 하편죵 2권 2책.

『유충열전』은 신성성(神聖性)이 있는 것으로 보고 신성소설로, 판소리계 소설이나 연암의 소설은 세속성(世俗性)이 있다고 보고 세속소설로 분류하는 견해를 밝힌 자료도 보았다.

(윤영택 외 1992 『고전소설론』 p.213)

열녀춘향수절가(烈女春香守節歌)

목판본 시대가 연활자에 밀려 출판업자들이 어렵게 살던 시절이 있었다. 당시 목판은 비 오는 날 마당 깔개로 사용되기도 했다. 이 시기에 호사가들은 목판을 수집하는 일이 있었다.

국문학자였던 김삼불(金三不)도 당시 전주 목판을 대거 구입해갔다. 그는 목판을 정릉 자신의 집에 쌓아두고 완판본 춘향전을 50부 한정판으로 인출했다. 그의 정릉 집은 한국전쟁 때 폭격으로 불탔고, 그는 월북했다.

그가 출판했던 책이 『열녀춘향수절가(烈女春香守節歌)』다. 권두제에 '열여춘향가라' 했다. 이로 인해 우리 학계는 완판본 『춘향전』을 하나 더 얻었다.

춘향전 완판본은 표제로 구분할 수 있다. 『춘향전(春香傳)』은 서계서포본(1916), 완흥사서표본(1912), 33장본(1906), 기타 간기가 없이 나온 책이 많다. 『열녀춘향수절가(烈女春香守節歌)』는 오한근(1949), 김삼불 장판(조선 진서 간행회)이 있다. 『별춘향전(別春香傳)』은 양진태(1912, 다가서포), 김동욱(1973)의 것이 있다.

『열녀춘향수절가(烈女春香守節歌)』는 속칭 원본 춘향전, 완판 춘향전, 전주토판 춘향전 등으로 불리며, 해방 전후 활자화했다. 그 판각본은 비교적 희본(稀本)에 속해 학문하는 데 귀한 자료가 된다.

판각본에는 두 계통이 있다. 즉 완산판본과 경성판본이 그것이다. 이 양판은 성격이 다른데, 경성판본은 문장체 소설, 전기를 각판했으며 완산판은 그 전기의 반면(半面)에 광대의 판소리, 타령을 목

각판으로 했다.

이러한 양판의 특징은 춘향전에서 현저하게 드러난다. 이 수절가는 이름이 명시하는 것과 같이 타령을 반영한 것이며, 경판본이 모종의 이유로 그 사(詞)가 타령의 영향은 입었지만 수절가에 비해 소설계의 춘향전(烈女春香守節歌 171쪽 해제)에 가깝다.

끝으로 완판본 고소설은 판소리계 소설이고, 경판은 문장체 소설로 구분된다. 문자체를 보면 완판은 해서체 중심, 경판은 흘림체로 썼다.

언문소학(諺文小學)

『언문소학(諺文小學 1934)』은 김재(金梓)가 저작 발행한 한문학습서이다. 석판본이며, 인쇄자는 임병채(전주읍 청수정 68번지), 발행소는 완산석판인쇄소(전주읍 청수정 67번)다.

소학은 『천자문』이나 『훈문자회』 같은 기초 한자를 익힌 후 『계몽편』이나 『동몽선습』을 읽고, 또 『명심보감』이나 『격몽요결』을 읽은 후 공부하는 책이다. 『언문소학』을 보면 '대져 소학이란 글은 엇지해셔 지엇난요? 옛 제 사람이 팔셰에 바다 다시 이글을 바드니 삼대의 사람 가라친법이라….' 8세에 소학을 읽으면 그다음은 통감을 읽거나 대학

(시서)으로 들어가는데 이 시기에 한문의 문리를 알 수 있다고 한다. 『언문소학』에는 많은 것이 담겼는데, 몇 부분만 소개한다.

벗을 삼을 때 '유익한 이 세 가지 벗이요 해로운 이 세 가지 벗이 있다. 곧으며 신실하며 들은 것이 만하면 유익하고, 편벽하고 아당(아첨)하고 말만 많이 하는 이와 벗하면 해로우니라.' 10여 년 전 마이산에서 발견된 고종황제가 쓴 판에 '비례물동(非禮勿動)'이라고 적혀 있었다. 고종황제가 당시 의용군에게 만들어준 표라는데, '예가직이지 말라.'는 내용이다. 곧 '예가동(禮可動)', '예이면 움직여라.'로 해석했다.

효를 구체적인 모습으로 '몸이며 얼굴이며 머리털이며 살은 부모님으로부터 받은 것이라 감히 상하지 않게 함이 효의 처음이고 열심히 공부하여 부모님의 이름을 후세에 잘 나타나게 하는 것이 효의 마지막이다.' 그러므로 자살을 하는 것은 부모님께 가장 큰 불효가 된다. 부모님께서 이성을 잃은 모습으로 매를 드실 때에는 잠시 피하였다가 회초리를 가지고 가서 벌을 청하는 것도 불효를 면하는 방법 중 하나다.

어린이 교육을 위한 교재로 여러 책에서 『언문소학』을 인용해 주석을 달아 발간했다. 우리나라에선 『번역소학(1518)』과 교정청본 『소학언해(1588)』와 영조 때 『소학언해(1744)』 등이 있다.

『언문소학』은 순한글로 번역을 다시 해 1934년에 전주에서 석판본으로 간행하였다.

세재정유 풍패신간(歲在丁卯 豊沛新刊) 맹자집주대전(孟子集註大全)

조선조 시대에 전적(典籍)의 전파는 일반적으로 필사 방법이었다. 중앙 관서에서 간행한 중요 도서는 금속 활자본인데 인쇄 상태는 좋으나 기술의 한계로 다량으로 인출을 못해 100여 권밖에 안 되었다. 중앙 관서의 중요 직책자들과, 지방 관서에 2부를 내려 보냈다. 그러면 지방 관서에서는 한 부는 보존하고 한 부는 목판본을 만드는 자료로 해서 복각본을 간행하였다. 그 복각본을 읍으로 보급을 하고 지방관원들에게 나누어 주었다. 그러니 책이 보통 귀한 것이 아니었다. 그래서 책을 만들어 파는 방각본(坊刻本)이 나타났고 임진왜란 이전에 전주에서 시작되었다는 것을 알 수 있는 기록이 1615년에 인쇄된 『맹자집주대전』에 있다.

태인 지방에서 시작되어 그 뒤에 전주에서 절정을 이루었다. 한글본 방각본이 주가 되었다. 여기에서 지지 않게 세경오중추개간 전주부하 경룡장판(歲庚午仲春開刊全州府河慶龍藏板) 『논어언해(論語諺解) 1810』와 같은 간기를 가진 판본과 풍패신간 『맹자(孟子)』를 합해서 유교경전이고 당시 국정교과서인 귀중한 칠서를 전라감영에서는 만들지 않고 개인 '하경룡 장판'으로 간행했고 1900년 초기에는 '칠서방(七書房)'으로 바꾸어졌다. 그래서 '칠서(七書)'와 '칠서언해본(七書諺解本)'의 방각본(坊刻本)은 1807부터 간행된 것으로 보아야 할 것이다.

그러면 맹자에서 한두 장을 음미해보자.

① 오십보소백보(五十步笑百步) : 전쟁에 나아가서 혹 백 보 후에 지(止)하며 혹 오십 보 후에

지(止)하여 오십 보로써 백 보를 소(笑)하면 어떠합니까? 말씀하시되 가(可)치 않다. 다만 백 보가 아닐 뿐 또한 주(走)함이니라.(맹자언해 권1. 8ㄱ)

② 호연지기(浩然之氣) : 맹자가 공손축(公孫丑)이라는 제자와 용기(勇氣)에 대해서 토론하는데 맹자가 진정한 용기란 "마음이 흔들리지 않는 것이다. 곧 마음을 허비하지 않는 것으로 부동심(不動心) 얻는다는 것이다." "선생님께서는 어떤 것이 훌륭합니까?" "나는 말을 안다(知言). 나는 거기에다가 호연지기(浩然之氣)를 기르고 있다. 여기에서 지언(知言)은 치우치거나, 음란하거나 그릇된 언사 등을 꿰뚫어 볼 수 있는 지혜를 가졌다는 뜻을 이른다. 호연지기란 천지에 가득 찬 만물에 활기를 불어넣고 성실하고 강인하게 자라도록 이끄는 힘이다."라고 설파했다.(맹자언해 권3, 13ㄱ-16ㄱ).

계몽편언해(啓蒙編諺解)

『계몽편언해』는 완판본과 경판본이 주를 이룬다. 이외에도 수원판본이 발견되었다. 우리는 지금 완판본에 대하여 살핀다. 이 책은 어린이 기초 한문 교재인 『천자문(千字文)』, 『훈몽자회』와 같은 기초어휘를 익히고 문장을 공부하는 데 그 기초 교재를 토대로 『계몽편』, 『동몽선습』 등을 배운다.

완판본 『계몽편언해』는 1916년 10월에 간행되었다. 표제(表題)는 '계몽편단(啓蒙篇單)'이다. 권두제(卷頭題) 『계몽편언해(啓蒙篇諺解)』는 작은 책이지만 국어사의 자료들이 잘 나타나는 그러한 예들이 많이 있다. 우선 구개음화의 혼란스러운 모습, 경음표시로 어두에 'ㅺ, ㅼ, ㅽ, ㅾ, ㅄ' 등에서와 같이 'ㅅ'외에도 모두 이른바 '된 ㅅ'으로 정리가 되었다. 사물을 파악하는데도 명료함을 제공할 수 있는 이분법적인 양태를 나타낸 점이 탁월했다고 본다. 상천(上天)-하지(下地), 강해(江海)-산악(山岳), 부(父)-자(子), 군(君)-신(臣), 동(東)-서(西) 등과 같은 것이다.

또한 수(數)의 개념들을 정리했는데 기초적인 산학의 내용을 잘 정리했다. 일(一), 이(二), 삼(三)…십(十), 백(百), 천(千), 만(萬), 억(億)으로 정리했다. 이것을 우리 고유어로 바꾸었는데 한ᄋᆞ, 둘, 셋, 넷, 다섯, 여섯, 닐곱, 여덟, 아홉, 열, ᄇᆡᆨ (열 열), 쳔(열ᄇᆡᆨ), 만(열 천), 억(열 만)으로 정리했다. 억의 개념이 오늘과 다름을 알 수 있다.

현대에 구구셈법이 소개된 '만물의 수노어 계산함이 구구보다 편함이 업시니 닐온바 구구라하는 것은 '아홉아홉이 여든하나'의 수니라.' 구구법을 가지고 있었다. 구구송표가 있는데 순서가 九九八

十一, 八九七十二…. ᅳㄷᅳ 아홉아홉이여든한ᄋ, 여덜아흡이일흔둘. 일ㄷ일. 'ㄷ'은 반복을 할 때 썼다.

어휘(語彙)를 찾아보자.

'얼인이 : 아비와 자식과 임금과 신하와 얼운과 얼인이와 지아비와 지어미와 벗은 하나의 큰 차례니라.' 1923년에 『어린이』를 발행한 방정환이 어린이라는 말을 만들었다는 설이 있는데 『계몽편언해』에는 1916년에 이미 '얼인이'라는 단어가 수록되어 있었다.

언해도상동몽초학(諺解圖像童蒙初學)

1.『언해도상동몽초학(諺解圖像童蒙初學)』은 1937년 완주군 용진면 아중리 양책방에서 양승곤 씨가 발행한 한문 학습서이다.

완판본(完板本)의 언해본은『언해도상동몽초학』이라 했다. 양책방에서 두 번 간행했다. 그 내용을 보면 어린이들이『천자문』이나『훈몽자회』를 통해 익힌 기초 한자를 중심으로 하여 문장을 익히기 위한 책이다. 이 책의 내용은 한적(韓籍)을 경(經), 사(史), 자(子), 집(集)으로 나눌 때, 경부에서 오륜(五倫)을 간략히 설명하였고, 사부(史部)에서는 중국의 간략한 역사를 소개하고,『동몽선습』원문에는 우리나라의 역사를 기록하였다. 그러나 일제 강점기에 발행한 책에서는 한국의 역사를 삭제시켰다. 책에 글자를 모르는 사람을 위하여 그림을 그려 넣었기에 이해하는 데 도움을 주었을 것이다. 판화가들에게도 참고가 될 것이다.

2. 1543년에 박세무가 엮은 『동몽선습(童蒙先習)』을 언해한 『동몽선습언해(童蒙先習諺解)』는 1797년 발간한 책이다.

발행자가 없고, 구간기로 상지이십일계정사계화발간(上之二十一季丁巳季夏發刊)과 같이 전통적으로 써오던 구간기가 있고, 그 앞에는 같은 간기를 고육갑(古六甲) 또는 고갑자(古甲子)를 전서(篆書)로 표기한 전각도서(篆刻圖書)가 있다. 이 책이 굳이 '상지이십일계(上之二十一季)'라고 쓴 것은 청나라의 연호를 피하려는 몸짓이다. 표제(表題)는 동몽선습언해단(童蒙先習諺解單)이다. 권두제는 『동몽선습언해(童蒙先習諺解), 한문으로 된 원문의 모든 한자에는 한 자씩 한글로 한자의 본음을 기록했고, 주는 쌍행(雙行), 4주 쌍변, 유계(有界), 각행 10자, 한 줄 15자, 판심제(板心題): '동몽선습언해(童蒙先習諺解)' 하향 백어미, 장차(張次), 구결(口訣)은 한글로 썼다.

3. 『동몽선습』에서 가르치는 이야기를 들어본다.

(1) 자기보다 나이가 갑절이 넘으면 아비의 예로 섬기고, 10년이 되면 형의 예로써 섬기고, 5년 위이면 어깨를 나란히 하는 친구로 삼을 수 있다.

(2) 상품의 사람은 가르치지 않아도 착하고, 중품의 사람은 가르친 후에 착하고, 하품의 사람은 가르쳐도 착하지 아니하니, 착함을 아는 이는 길하고, 착하지 아니한 자는 흉하니라. 이러기에 자식에게 천금을 주는 것이 자식에게 글을 가르침만 같지 못하다 하니 슬프도다. 소자들은 마음을

바로하며 몸을 닦아야 아름다운 말과 착한 행실로 밝히 오륜을 지켜 몸으로 소임을 삼아야 한다.

행곡본(杏谷本) 천자문(千字文)

『천자문』은 중국 양무제(梁武帝)가 주흥사(周興嗣, 6세기)에게 명하여 하룻밤 사이에 1구 4자씩 250구의 시(詩)를 짓게 하였다. 그 명대로 시를 지었는데 그의 머리가 희어졌기 때문에 '백수문(白首文)'이라 했다는 이야기는 익히 들은 바이다.

원래 중국에서 들어왔을 때는 한자(漢字)로만 기록되었을 것이다. 후에 어느 시기인지 정확히 알 수 없으나 우리나라에서는 글자마다 우리말로 음과 석을 달았다. 한 글자에 하나의 음(音)과 석(釋)으로 되었다.

이 시기는 물론 훈민정음 이후에 되었겠지만 그

이전으로 거슬러 올라가면 그 기록은 없으나 읽는 방법은 같았을 것으로 생각한다. 그것이 같다는 사실을 우선 『조선관역어(朝鮮館譯語)』를 통해서도 알 수 있다. [天: 哈嫩二]의 천(天)은 중국어, 합눈이(哈嫩二)는 국어의 '하누'이고 국어 어말에 오는 'ㄹ'을 표기하였고, 첨(添)은 우리의 '천(天)'을 기록한 것이다. 그래서 오늘날 천(天:중국어):하늘(석(釋)), '더할'은 석이고, 첨은 음(音)이다. 중국 사람이 천(天)으로 듣고 기록한 것이다. 다음은 음(音)과 석(釋)을 둘 이상 기록하고 거기에 주석을 단 책들이 있다.

다음에 음과 석을 한글과 일본 문자를 병기(倂記)한 책들이 있다. 그 외에 서예를 위한 한자의 서체 별로 나누어 쓴 책이 있다. 가령 초서(草書)로 쓴 초천자문, 전서(篆書) 예서(隷書) 등을 포함해서 십체(十體)가 천자문도 있다.

행곡본 「천자문」(1916)의 '행곡(杏谷)'은 어디인가? 이 책에는 간기(刊記)가 둘이 있다. 하나는 '행곡(杏谷)'이 있는 구간기(舊刊記)와, 하나는 '전주 다가서포(全州 多佳書鋪)'에서 신간기를 붙여 '방각본(坊刻本)'으로 출판한 책이다. 일제가 출판물을 통제하기 위해 만든 등사를 해서 모든 출판물에 붙인 새로운 양태의 간기다. 숭정(崇禎) 기원 후(後) 사임술(四壬戌)은 1862년이다. 대정 5년은 1916년이다. 여기의 '행곡(杏谷)'이 어디인가? '은행나무골' 필자는 전주 지역으로 생각한다. 이 책에 '전주 다가서포'와 '행곡'을 같이 기록했다. 다른 예가 또 있다. 1866년 12월에 '완서 행동(完西 杏洞)'에서 『됴웅젼』을 간행했다.[한국도서관협회(1972), 한국서지연표, p.142. '곡(谷)'과 '동(洞)'을 같다고 생각]

다음은 우리나라에 널리 보급된 천자 풀이가 있다. …백수문이라… (방자가) 소인 놈도 천자 속은 아옵니다. 네가 알드란 마리냐 …안다 하니… 일거바라. 예 들이시오. 놉고놉푼 하늘쳔, 집고집푼 따지, 홰홰친친 가물현, 불타것다 누루황, 예, 이놈 상놈은 젹슬하다 이놈…내 일글계 드러나바라. 천

개자시 성천하니 태극이광 때 하날 천(天), 지벽어 축시하니 오행팔괘로 따지(地), 삼십 삼천 공부공에 인심지시 가물 현(玄), 이십팔수 금목수화토 지정색 누루 황(黃), 우주 일월 중화하니 옥우쟁영 집우(宇), 연대국도 흥성쇠 왕고내금에 집 주(宙), 우치홍수기자초에 홍범구주 넓을 홍(洪), 삼황오제 붕하신 후 난신적자 거칠 황(荒),…조강지처 불하당 아내박대 못하느냐 대전통편 법중 율(律), 군자호구 이 아니냐 춘향 내 입을 한테다 대고 쪽쪽 빠니 법중 려(呂)자 이 아니냐. 애고애고 보고지고. [열여춘향슈절가 15ㄱ-17ㄴ]

'하늘 천 따따 지/ 가마솥에 누룽지/ 뜩뜩 긁어서 배꼭 다리 한 그릇' 등 지역에 따라서 또 다른 많은 풀이들이 있을 정도로 한문을 공부하던 세대에게는 기억이 새로운 것이다. 지금의 우리 어린이들은 그 양태가 다른 만큼 달라진 모습대로 새롭고 다양한 것들을 고루 간직하고 있다고 본다.

언삼국지(諺三國志)

나관중의 소설『삼국지연의(三國志演義)』는 후한(後漢)을 이은 정통을 유비로, 진수의『삼국지(三國志)』는 정사로 위(魏)나라를 정통으로 봤다. 이『삼국지연의』를 우리나라에서는 작품 전체를 발행한 것도 있다. 또 일부분을 소재로 한 작품이 있다.『화용도 (華容道)』,『언삼국지(諺三國志)』등은 일부분을 소재로 한 작품이다.

'...됴됴한나라치기를의론하고한효선봉이되여진군한이라.' -『언삼국지』1ㄱ

'마초 팔장(八將)을베혀처음공을세우고/영무를베혀위진즁에횡행하니라.'-『언삼국지』24ㄱ

'운장, 마초를 위군이 포위를 해놓고 며칠 굶었어도 감히 아무도 잡으러 가지도 말고 기진할 때까지 기다리라고 했는데 상산 조자룡이 위군의 진중에서 모두 치고 와서 관우와 마초를 구해가니 오히려 조조가 군을 데리고 도망을 친다.'는 흥미진진한 내용도 나온다.

하권에는 제갈량이 결혼을 하는데 아주 천하에 박색이라 첫날밤에 뛰쳐나오려 했으나 부인이 붙드는 바람에 첫날밤을 그냥 지내고……뒤에 변신을 하여 미인이 되었다. 제갈량은 부인을 더 사랑하였다는 이야기도 있다. 이 대목은 우리나라 ≪박씨부인전≫과 같은 맥락이다.

『언삼국지』는 다른 책과 비교해 아주 다른 성격으로 엮었다. '가갸거겨…'표로 책 첫머리(1ㄱ,ㄴ)

를 장식했다. 1ㄴ의 끝 부분에는 구구셈 표가 있다. 이 표는 한자(漢字)로 '九九八十一 八九七十二…'가 나온다. 2ㄱ, ㄴ에는 목록이, 2ㄴ에는 상권의 목록이 계속되고 그 끝부분에 하편으로 「공명션생실기」가 실려 있다. 3ㄱ권두제(卷頭題)는 '언삼국지'라고 적혀 있고, 47ㄴ까지가 상권이다. 다음 하편은 다시 1ㄱ부터 18ㄱ의 순으로 정리돼 있다.

'동서남북으로번개같이횡행하니위진장졸르머리추풍의낙엽갓더라졍욱이북채를더지고탄식왈자룡은곳천신이안이면신장이로다다만일잡고자하다가난대환을당하거슨니졔가난대로노와두라하더라.' -『언삼국지』33ㄴ

『언삼국지』는 서민들이 접하기 쉽게 쓰였고 촉한의 명장들에 대한 세세한 인물평까지 실려 있는 등 구전설화체(口傳說話體)의 재미있는 이야기책으로서 손색이 없다. 또 각 장군들의 출신배경과 성격, 각 장졸들의 창칼 다루는 솜씨 등이 극적으로 표현돼 있다. 당시 군사들의 전투는 제갈공명 등 모사, 책사, 군사참모들이 활약하면서 전략과 전술을 도입하기 전까지는 부대를 움직여 싸우는 부대의 싸움이 아니었다. 수만 명이 맞부딪쳐도 용장들의 위용에 따라 전체 전투가 판가름 나는 장수의 싸움으로 일관되는 '영웅담'이 펼쳐져 독자들의 손에 땀을 쥐게 하는 대목이 많다. 『언삼국지』는 『삼국지』 중의 백미(白眉)라 할 만하다.

김해정 산문집
흔적

인쇄 2014년 10월 20일
발행 2014년 10월 24일

지은이 김해정
발행인 서정환
펴낸곳 신아출판사
주소 전북 전주시 완산구 공북 1길 16(태평동 251-30)
전화 (063) 275-4000 · 0484 · 6374
팩스 (063) 274-3131
이메일 shina2347@naver.com sina321@hanmail.net
출판등록 제465-1984-000004호
인쇄 · 제본 신아출판사

ISBN 979-11-5605-143-5 03810
값 13,000원

이 도서의 국립중앙도서관 출판예정도서목록(CIP)은 서지정보유통지원시스템 홈페이지(http://seoji.nl.go.kr)와 국가자료공동목록시스템(http://www.nl.go.kr/kolisnet)에서 이용하실 수 있습니다.(CIP제어번호: CIP2014030048)

Printed in KOREA